SICHUAN

四川

红色旅游
线路指南

四川省旅游发展委员会　编

中国旅游出版社

目录

CONTENTS

四川省红色旅游
"一线两区格局"

  四川是红色旅游新资源大省，是红军长征经过的主要地区，川陕革命根据地中心区域和邓小平、朱德等伟人的故里。红军 25000 里长征，在四川行程 15000 里，历时一年零八个月，途经 70 个县，加上川陕和湘鄂川黔革命根据地川属县，共有 100 多个县，占四川 60% 以上的县份。全省红色旅游资源十分丰富，发展红色旅游的条件得天独厚。据初步统计，全省有重要红色旅游景区（点）106 个，集中分布在川西及川东两个地区，形成了"一线两区"的分布格局。

  "一线"指中央红军长征进入四川境内的线路，主要位于四川西部和南部的广大区域，途经泸州、凉山、甘孜、雅安、阿坝等市州所辖的若干市县，呈现出由南向北纵向延伸的分布态势。

  "两区"指位于四川东部地区的伟人故里和川陕苏区，前者主要分布在广安、南充、资阳等地，串联成以小平故里—朱德故居—陈毅故里—王维舟纪念馆为核心内容的"伟人故里"金三角；后者位于巴中、广元、达州广大区域，形成以川陕苏区首府所在地—巴中为中心，达州、广元为两翼的全国第二大苏区。

迭部县

139.1km

若尔盖县

293.7km

138.2km

阿坝县

167.3km

121km

红原县

松潘县

壤塘县

黑水县

206.4km

200.4km

205.8km

马尔康市

96.8km

金川县

理县

小金县

157.1km

171.4km

宝兴县

36.4km

芦山县

线 路 行 程： 雅安市芦山县→雅安市宝兴县→阿坝州小金
县→阿坝州金川县→阿坝州马尔康市→阿坝
州壤塘县→阿坝州阿坝县→阿坝州红原县→
阿坝州若尔盖县→甘肃省甘南州迭部县→阿
坝州松潘县→阿坝州黑水县→阿坝州理县

线路 **1** / 雪山草地，长征丰碑

线路 1 在四川省的位置

在 **线路1** 上，
你要经过哪些市（州）：

雅安市→阿坝州→甘肃省甘南州→阿坝州

你不可不知的
红色知识点：

　　此条线路是体验红军长征"爬雪山过草地"的革命精神的线路，红军曾在 1935 年 4 月至 1936 年 8 月长达 16 个月的时间里，在这条线路上奋勇前进，以艰苦卓绝的斗争精神打破了国民党的"围剿"，开创了中国革命的新局面，也写下了一部震撼中外、波澜壮阔的伟大史诗。

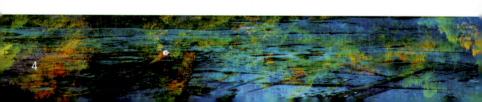

1. 如何抵达出发城市——雅安市

从成都到雅安非常方便。雅安距成都140公里，成都新南门旅游集散中心、石羊客运站每天有客运班车到达雅安；而喜欢自驾游的游客，走成雅高速公路到雅安仅1.5小时车程，相当方便。

2. 各市县间的交通＋看点

从雅安市芦山县出发的这条"雪山草地，长征丰碑"线路便会让你体验到红军当年行路难的境况了，你也会因此更加敬佩红军的长征精神——各县间公共交通工具较少，可选择在当地拼小面包或租车。

所以此条线路强烈推荐自驾游，学习红色知识的同时也能欣赏到壮美的风景。

 从雅安北二路车站、雅安旅游汽车站都有前往芦山县的班车，正常情况下约需 45 分钟。

看点　芦山县境内有多处红军长征遗迹，可以缅怀当年红军在这里团结群众、遍撒红色火种的峥嵘岁月；还可以前往"4·20"芦山强烈地震纪念馆感受芦山人民积极抗震救灾、恢复重建、自强不息的抗震精神。

 从芦山县走 G351，大约 45 分钟车程就可抵达宝兴县。

看点　中央红军长征中翻越的第一座大雪山夹金山就在这里，可游览宝兴红军长征翻越夹金山纪念馆、红军桥等纪念设施，还有世界上最早发现大熊猫的法国传教士戴维开展生物研究、传教、生活的邓池沟天主教堂和在震后重建的过程中发展出了自己的现代旅游村庄特色的雪山村。

 从宝兴县出发，走 S210、G350，大约 4.5 小时就到了川蜀名山四姑娘山所在的小金县。

看点　这里是红军达维会师和两河口会议的发生地。

 从小金县到金川县走 S303、S211，途经丹巴县，大约 3.5 小时；也可以走 S210，大约 4.5 小时。

看点　金川老街遗址群。

从金川县走 S211、成那线，大约 2 小时到达马尔康市。

看点 那里的卓克基土司官寨被美国记者索尔兹伯里赞誉为"东方建筑史上的一颗明珠"，也正是在中国共产党革命史上留下重要一笔的卓克基会议旧址所在地。

 从马尔康市到壤塘县走成那线、桑珠路，约 3.5 小时；从壤塘县走阿两路到阿坝县，约 5 小时。

看点 可以前往参观阿坝会议旧址。

 从阿坝县到由周恩来总理亲自命名的红原县走 S302、S209，约 2 小时；从红原县到若尔盖县走 S209，约 2 小时。

看点 红原县有瓦切红军长征纪念遗址，若尔盖是巴西会议和包座战斗的发生地。

 从若尔盖县走兰磨线、S313，约 2.5 小时到达迭部县；从迭部县到松潘县走兰磨线、九若路，约 10 小时。

看点 迭部县的腊子口、松潘县的红军长征纪念碑碑园都是重要的纪念地；另外毛尔盖会议旧址也在松潘县。

 从松潘县到黑水县走 S301、S209，大约 6 小时，途经红原县；再从黑水县走 S302、成那线，约 4 小时，到达本条线路的最后一站理县。

看点 气势恢宏的达古冰川会让人瞬间消除旅途的劳顿，还可以前往参观芦花会议旧址；理县最著名的当数有着"羌族建筑艺术活化石"美誉的桃坪羌寨。

芦山 红军长征遗迹

INFORMATION

地址：雅安市芦山县

　　芦山县城中保留有大量红军长征时期的历史遗迹，这是芦山县城重要的精神财富。

　　芦山县位于四川盆地西缘，雅安市东北部，青衣江上游。长征期间，红一方面军（中央红军）和红四方面军先后在1935年6月和1935年11月进入芦山，建立革命根据地，在芦山县城内设立了党、政、军、后勤、保卫等严密、高效的组织机构。2007年，中国工农红军总司令部驻地、红四方面军总指挥部驻地、红三十军军部遗址被批准为第7批四川省的省级重点文物保护单位。

"4·20" 芦山强烈地震纪念馆

INFORMATION

地址：雅安市芦山县汉姜古城内
电话：0835-2351631
开放时间：9:00~17:00；周末正常开馆
门票：免费

● "4·20"芦山强烈地震纪念馆

　　2013年4月20日8时2分46秒雅安市芦山县发生了7.0级强烈地震，造成196人死亡，21人失踪，11470人受伤。

　　其后三年的2016年7月20日，"4·20"芦山强烈地震纪念馆于芦山县汉姜古城向公众正式开放。

　　纪念馆设立了抗震救灾厅、科学重建厅、幸福生活厅三个大厅，集中展示"中央统筹指导，地方作为主体，灾区群众广泛参与"的重建新路，真实记录和反映着"4·20"芦山强烈地震从抗震救灾到灾后恢复重建的全过程。

● 宝兴夹金山（空中俯瞰）

INFORMATION

地址：雅安市宝兴县
电话：0835-2223486
开放时间：全天
门票：30 元 / 人

夹金山

"夹金山，夹金山，鸟儿飞不过，男人不敢攀，要过夹金山，除非是神仙。" 夹金山又名"甲金山"，藏语称为"甲几"，是很高很陡的意思。

著名的夹金山是当年红一方面军万里长征与红四方面胜利会师的地方，也因此载入中国革命的光荣史册。

山体雄踞在宝兴县西北，山顶的王母寨海拔 4114 米，终年冰峰峭立，白雪皑皑，气候变化无常。境内主要有夹金山、木尔寨沟两个原始生态区，森林资源丰富，植被完好，栖息着金丝猴、扭角羚等国家一类和二类野生保护动物。

宝兴 红军长征翻越夹金山纪念馆

  中央红军征服的长征路上的第一座大雪山就是"夹金山",从而实现了与红四方面军的胜利会师,完成了长征途中的第一次重大军事集结,为夺取革命胜利赢得了转机。长征途中,红军曾经三次翻越夹金山,留下了可歌可泣的英雄事迹。

  红军长征翻越夹金山纪念馆位于雅安市宝兴县城美丽幽静的青衣江畔,由纪念馆、红军广场、主题雕塑和红军长征翻越夹金山连环画护栏等几部分组成,从外到内主色调都以红军军装"灰"色为基调,十分肃穆与震撼。

INFORMATION

地址: 雅安市宝兴县穆坪镇沿江路
电话: 0835-6823567
开放时间: 9:00~17:00
门票: 免费

● 宝兴红军翻越夹金山纪念馆和雕塑

宝兴县 红军桥

坐落在两山之间峡谷中的宝兴县城，碧绿的青衣江穿城而过。横亘在青衣江上有两座大桥，一旧一新，旧的是当年红军长征时所走的，因年代久远，已不可用；而新的这座风雨廊桥，取名"红军桥"，就是为了纪念长征的那段艰苦岁月。

1936年6月，在灵关中共地下党员和群众的大力协助下，红军主力部队顺利通过灵关到达宝兴县。在过灵关时，还有一个"小插曲"：聂荣臻的战马在铁索桥上一只脚插入了铁链缝隙，为不耽误大部队过桥，聂荣臻忍痛将战马推到了桥下。

近年新建的风雨廊桥造型别致，气象阔达而庄严，成为当地人缅怀先烈的崇敬之地。

INFORMATION

地址： 雅安市宝兴县

INFORMATION

地址： 雅安市宝兴县穆坪镇雪山村

宝兴县 雪山村

雪山村与宝兴县城隔宝兴河而望，在"4·20"芦山强烈地震灾后重建的过程中发展出了自己的村庄特色。灾后重建以"政府主导、群众主体、社会参与"为原则，房屋以乡村度假旅游风貌为主，按照"阳台晒坝，前庭后院；穿斗结构，座脊加盖；鸡犬相闻，圈舍分离；栽瓜种菜，宜居宜业"的风格，充分尊重农村生产生活习俗。

除了新房子、新产业、新生活，还有一条新思路——公益众筹也让这个重建新村的旅游产业显得与众不同，雪山村越来越被人熟知。

● 宝兴邓池沟天主教堂

邓池沟 天主教堂

INFORMATION

地址： 雅安市宝兴县蜂桶寨乡青坪村天主堂组
电话： 0835-6823112
开放时间： 9:00~17:00
门票： 免费

邓池沟天主教堂又叫"报领堂"，是法国远东教会于1839年派遣教士在四川最早秘密修建的教堂之一。

远看教堂类似四川建筑风格的木质四合院，主体为三层穿斗式木结构楼房，四周为石料墙裙。教堂共有36个木结构房间，明暗相通，雕梁画栋，极为精致。古罗马式礼拜堂由8根独立圆柱支撑，圆拱天穹，古朴而幽深。

邓池沟天主教堂也是世界上最早发现大熊猫的法国传教士戴维开展生物研究、传教、生活的地方，这座地处四川西部山区的教堂也因此闻名于世。

● 红军达维会师桥

达维 会师桥 / 遗址

INFORMATION

地址： 阿坝州小金县达维镇达维村
电话： 0837-2798263
开放时间： 全天
门票： 免费

在小金县的达维河上，有一座小木桥，十分不起眼，却是一处著名的革命纪念地，这便是达维会师桥。

就是在这座桥上，毛泽东、周恩来、朱德率领党中央、中央军委和直属部队进抵达维，受到了红四方面军九军二十五师广大指战员的夹道欢迎，红军两大主力的会师，掀开了中国革命史新的篇章。

达维会师桥作为阿坝红军长征遗迹的组成部分，是全国重点文物保护单位。达维会师纪念碑上端为四棱立柱状，四面基座有翻越夹金山和胜利会师等精美浮雕。

红色阅读 HONGSE YUEDU **"毛主席来了！""中央红军来了！"**

1935年6月12日，红一方面军先头部队胜利翻越夹金山，与红四方面军派出的策应部队在夹金山下的木成沟相遇。14日，毛泽东、周恩来、朱德率领党中央、中央军委和直属部队进抵达维，在达维桥头受到红四方面军的夹道欢迎。两支革命队伍胜利会师，全军一片欢腾。"毛主席来了！""中央红军来了！""欢迎一方面军的老大哥！"欢呼声此起彼伏，响彻高山峡谷。

两河口 会议旧址

旧址位于小金县城北 70 公里两河乡的关帝庙，因地处虹桥沟与抚边河交汇处，故名两河口。会议旧址在汶川"5·12"地震中遭损毁，震后进行了重建。会址前立有"红军北上"的大型主题雕塑。

1935 年 6 月 26~27 日，中共中央在两河口关帝庙里举行政治局扩大会议，集中讨论红军的战略方针问题。这次会议奠定了中央北上战略方针的基础，同时也拉开了同张国焘右倾路线斗争的序幕。

两河口会议旧址所在的关帝庙，现仅存后殿，占地面积 34.8 平方米，坐东北向西南，为穿斗式梁架石木结构单体建筑，屋顶为悬山顶盖小青瓦。

 红色贴士 2006 年 5 月被列为全国第六批重点文物保护单位。

INFORMATION

地址： 阿坝州小金县
电话： 0837-2799921
开放时间： 9:00~17:00
门票： 免费

● 红军长征两河口会议会址所在地两河口镇

● 四姑娘山

四姑娘山被当地藏族同胞崇敬为神山，终年和雪，也是横断山脉东部边缘邛崃山系的最高峰，人称"蜀山皇后"。相传，4 位美丽善良的姑娘，为了保护她们心爱的大熊猫，同金钱豹搏斗，最后变成了 4 座挺拔秀美的山峰。

景区内自然生态保护良好，植被茂盛，生物种类繁多，是大熊猫、金丝猴、小熊猫等 30 多种国家保护动物的栖居地，著名的大熊猫故乡——卧龙自然保护区就设立在此。

金川 老街遗址群

老街真的很老，迄今已有 200 多年的历史了。老街古称"阿尔古"，不仅仅是一条街，而是一个 5 平方公里并与县城紧密相连的老建筑区域。老街上的老戏台、禹王宫、城隍庙等备受人们关注，极具考古与审美价值。

1935 年 6 月至 1936 年 7 月，红军长征途经金川，在金川老街成立了中共金川省委、格勒得沙共和国中央革命政府、红四方面军总医院、绥靖回民苏维埃政府、回民独立连连部、西北联邦政府等机构。如今的老街上保存着十几处红军革命遗址，统称为"金川红军革命纪念建筑群"。

卓克基 会议旧址

　　1935 年 6 月，中央红军进驻卓克基时，为了与后续部队联络，打了 3 颗信号弹。夜空中的三色耀眼光团让土司索观瀛的藏兵以为"神兵天降"，竟弃寨而走。随后，毛泽东、周恩来、张闻天等中央领导进驻土司官寨，并在这里召开了中央政治局常委会议，讨论了民族地区的有关问题，通过了《告康藏西番民众书——举行西藏民族革命运动的斗争纲领》。

　　官寨由一座石砌 5 层藏式民居和一座石砌 5 层碉楼组成，依山傍水，景色秀丽，是一座集居住、官署和防御相结合的少数民族官寨建筑，被美国记者索尔兹伯里赞誉为"东方建筑史上的一颗明珠"。

INFORMATION

地址： 阿坝州马尔康市卓克基镇
电话： 0837-2829100
开放时间： 8:30~19:00
门票： 红军纪念馆免费。官寨 60 元 / 人

红色阅读
HONGSE YUEDU

一本被毛主席和卓克基土司都翻看过的《三国演义》

　　中华人民共和国成立后，毛泽东在北京宴请西南少数民族访问团时，风趣地对索观瀛说："当年长征路过卓克基，看了你桌子上的《三国演义》，打搅你咯。"还说："我们共产党和共产党领导的军队，是少数民族的朋友。红军当年是借路北上，住进官寨，你用不着躲进山林里。"

壤塘县

INFORMATION

地址： 阿坝州壤塘县

壤塘县依山傍水，素有高原林海明珠秀城之美誉。圣洁的香拉东吉圣山、古老的觉囊文化中心、神秘的野人大峡谷、美丽的海子山、神奇的棒托寺石刻藏经、日斯满巴碉房以及围柯原始森林等旅游资源丰富。

1936 年，红二方面军和红四方面军在长征途中，历尽千辛万苦，翻雪山过草地，以大无畏的"长征"精神三次经过壤塘。壤塘红色旅游资源以上杜柯西穷寺和宗科围科战斗遗址为核心，包括红军三次过壤塘路过的南木达、中壤塘、蒲西、大伊里、上杜柯等红色旅游景点。

阿坝 会议旧址

1935 年 8 月 21 日，由张国焘率领的左路军进驻阿坝县，红军总部设在格尔登寺，并在这里建立了"川陕省阿坝苏维埃政府"。

1935 年 9 月 9 日，党中央在巴西召开紧急会议并率一、三军团单独北上之后，张国焘于 9 月 15 日在格尔登寺大厅以川康省委名义召开"川康省委扩大会议"（即"阿坝会议"），公开进行分裂党和红军的活动，提出南下行动方针，煽动部分人非难中央路线，不顾朱德、刘伯承的反对通过了《阿坝会议决议》。

1936 年 6 月 30 日，红二、四方面军又一次北上经过阿坝，在此成立西北局。

INFORMATION

地址： 阿坝州阿坝县查理乡格尔登寺
电话： 0837-2486956
开放时间： 8:00~18:00
门票： 免费

● 阿坝草地

● 红原瓦切

瓦切 红军长征纪念遗址

　　这片茫茫沼泽的每一寸土地都留下了红军的足迹，红军的长征队伍在这里展开了与大自然博斗的悲壮史诗。1935 年 6 月至 1936 年 8 月，红军长征经过红原期间，是红军长征中最艰难的时期，而日干乔草原湿地恰恰是红军过草地最为危险的地方，著名的"七根火柴的故事"就发生在这里。1960 年建县，周恩来总理亲自将这里命名为"红原"。2004 年，红原县瓦切日干乔红军长征革命遗址被列为全国 100 个经典红色旅游区。

　　这里矗立着一块巨大的石碑，上面镌刻着周恩来总理 1960 年为该县建县题写的"红军长征走过的大草原"10 个红色大字。山顶上的四方形日干乔大沼泽红军烈士纪念碑，也是本地的醒目地标。

INFORMATION

地址： 阿坝州红原县瓦切乡、麦洼乡、色地乡三乡
开放时间： 全天
游玩时间： 建议 2 小时
门票： 免费

红色贴士 《七根火柴》讲述了长征途中，在暴雨倾泻的大草原上，一个生命垂危的红军战士把党证和夹在党证里的七根焦干的火柴交给战友的感人故事。

巴西 会议旧址

巴西会议是决定党和红军前途命运的一次关键会议，在中共党史上有着重要的历史地位。巴西会议又一次将红军从危机中解救了出来。会议同时还发布了《为执行北上方针告同志书》。

会址原为班佑寺，现仅剩下一些残破的土墙。1935 年 8 月底，右路军（中央红军）穿过茫茫草地到达巴西一带，基于红军当时的政治、经济状况，党中央于 9 月 2 日～9 日在巴西班佑寺内连续召开政治局常委会和政治局会议，最后一次是巴西紧急会议，以毛泽东主席为首的党中央于 1935 年 9 月 9 日深夜召开政治局紧急会议，采取果断措施，率右路军的一、三军团及军委纵队先行北上。

● 巴西会议旧址

INFORMATION

地址： 阿坝州若尔盖县巴西乡班佑寺院，距县城 33 公里

电话： 0837-2297246

开放时间： 全天

门票： 免费

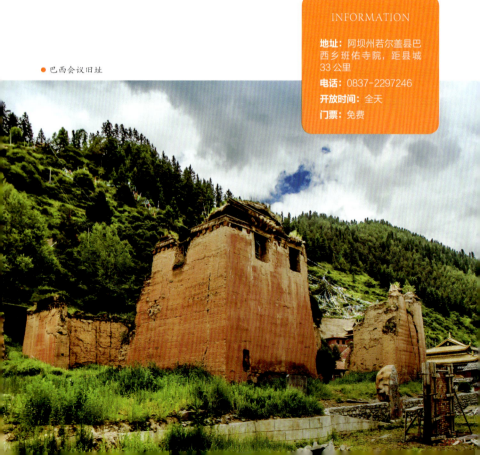

包座战斗遗址

包座战斗遗址位于包座乡达金村，有上下包座之分。群山环抱，地势险要，是北上通往甘南的必经之路。

1935 年 8 月 24 日，红四方面军在贡巴龙山一带击溃当地土司后占领班佑，接着相继占领巴西、上藏寺、牙弄寨等地。前敌总指挥部根据包座地区的敌情和地形，决定在敌援兵未到来之前先行消灭上下包座之敌，控制战略要点后集中兵力消灭敌增援部队，以保障全军顺利进入甘南，创造了"围点打援"战术的新战例，打通了红军北上的道路，成为长征中一个具有重要战略意义的战役。

INFORMATION

地址： 阿坝州若尔盖县包座乡达金村

电话： 0837-2297246

开放时间： 全天

门票： 免费

腊子口

腊子口系藏语之转音，意为"险绝的山道峡口"，是甘肃省甘南州迭部县通往汉族地区的门户和咽喉，素有天险之称。

1935 年 9 月 16 日，中国工农红军陕甘支队抵达天险关隘腊子口，遭遇国民党军 3 个团的据险阻击。当天，红军正面强攻，未能突破国民党军防御阵地。17 日，红军两个连翻越悬崖陡壁，穿插国民党军侧背，一举将守敌击溃，打通了红军北上陕甘地区的通道，腊子口也成为中国革命史上举世闻名的革命胜迹。

如今这里设立了纪念馆和纪念碑，与优美的自然风光和险峻的高山狭隘一起讲述着红色记忆。

INFORMATION

地址： 甘肃省甘南州迭部县腊子口乡

开放时间： 全天

门票： 免费

红军长征 纪念碑碑园

● 松潘县川主寺红军长征纪念碑碑园

在川主寺镇元宝山顶,一座高41.3米的纪念碑雄伟耸立,碑体通亮如煅烧之金,不同于其他地区修建的纪念红军长征某一事件或某一战斗的纪念建筑。这是红军长征总纪念碑,主碑背靠雪山,面向草地,气势恢宏,寓意为"雪山草地树金碑",被誉为"中华第一金碑"。

红军长征纪念碑碑园占地面积19.27万平方米,由主碑、大型花岗石群雕、陈列室三大部分组成。主碑的碑体高24米,亚金铜贴面,三角柱体,象征三大主力红军;其上的红军战士铜像双手高举成"V"字形,象征胜利,一手持步枪,一手执花束。

现在红军长征纪念碑已成为吸引四方游客的胜地,独具特色的景观比比皆是,其中以"金碑夕照""双虹挂彩""瀑雨泛金"三绝奇观最为突出。

INFORMATION

地址: 阿坝州松潘县川主寺镇东侧传子沟村元宝山
电话: 0837-7240877
开放时间: 3月20日~10月20日全天开放
门票: 免费

毛儿盖 会议旧址

沙窝会议后，张国焘在毛儿盖召集红四方面军军以上干部会议，非法审查中央路线、公开分裂党和红军。为了进一步统一思想，1935 年 8 月 20 日中共中央在毛儿盖的索花寺举行政治局会议，着重讨论红军主力的发展方向问题。会议决定由毛泽东起草决议，作为对两河口会议通过的《关于一、四方面军会合后战略方针的决定》的补充。

毛儿盖会议是两河口会议、沙窝会议的继续和发展，对于明确红军主力发展方向、克服张国焘分裂主义危险起到了积极作用。

INFORMATION

地址： 阿坝州松潘县西上八寨乡索花村
电话： 0837-7257751
开放时间： 8:00~18:00
门票： 免费

芦花 会议会址

1935 年 7 月 18 日，中共中央在距黑水县城 2 公里的中芦花奎尼寨小头人泽旺住宅二楼，召开了政治局扩大会议，即芦花会议。会议主题是增强一、四方面军的团结和信任，进一步统一两大主力红军的行动。

7 月 21~22 日，中共中央在原地再次召开政治局会议，主要议题是听取报告和讨论红四方面军工作，对红四方面军的斗争经历做了肯定，也指出了红四方面军领导工作的缺点和错误；中革军委调整了一、四方面军番号，对人事任命进行了调整。

芦花会议会址为石木结构的三层藏式民居建筑，现有部分中央红军领导用过的日常用品在室内展出。

INFORMATION

地址： 阿坝州黑水县芦花镇泽盖村
电话： 0837-6726098
开放时间： 9:00~17:00
门票： 免费

● 达古冰川

达古冰川

INFORMATION

地址：阿坝州黑水县达古冰山风景名胜区
电话：0837-6729999
开放时间：8:30~15:30
门票：门票 120 元 / 张，观光车 70 元 / 人，索道 180 元 / 人

　　达古冰川海拔 4752 米，是全球海拔最低、面积最大、年纪最轻的冰川。山顶终年积雪，气势磅礴。这里冰川、雪山、彩林、藏寨、湖泊相映成趣，野生动物的可视率极高，咂酒文化、铠甲舞、多声部民歌与红军文化源远流长。

　　景区内分布有亚口夏雪山、昌德雪山、达古雪山，1935 年 6 月至 1936 年 8 月的一年零两个月中，中国工农红军一、四方面军近 9 万人次，翻越三座大雪山后，在毛儿盖召开了历史上著名的毛儿盖会议。

桃坪羌寨

　　桃坪乡景点众多，但桃坪羌寨峭拔而起，独领风骚。这是世界上保存最完整的羌族建筑群落，至今仍然保持着古朴的原始羌族村寨风情。

　　寨内一片黄褐色的石屋顺陡峭的山势逐坡上垒，其间碉堡林立，被誉为神秘的"东方古堡"。寨子以古堡为中心筑成了放射状的 8 个出口，出口连着甬道构成路网，犹如迷宫。碉楼是整个寨子的标志性建筑，目前仅存 2 座。

　　村寨汇集了古朴浓郁的民风民俗、神奇独特的羌民族建筑、天然而地道的羌族刺绣和奔放的羌族歌舞，展示着古朴迷离的羌族历史。

　　据史料记载，寨子始建于公元前 111 年，到现在已经历 2000 多年的沧桑，且历经 3 次大地震的劫难而巍然屹立。

INFORMATION

地址： 阿坝州理县杂谷脑河畔桃坪乡
电话： 0837-6822288
开放时间： 夏季 8:00~18:00；冬季 8:30~17:30
门票： 60 元 / 人

● 理县桃坪羌寨

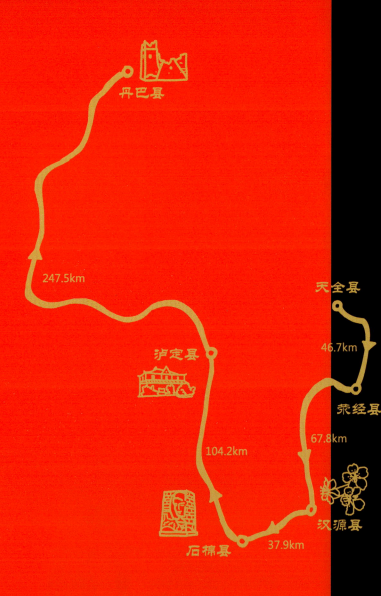

丹巴县

247.5km

天全县

46.7km

泸定县

荥经县

67.8km

104.2km

汉源县

石棉县　　37.9km

线路行程： 雅安市天全县→雅安市荥经县→雅安市汉源县→雅安市石棉县→甘孜州泸定县→甘孜州丹巴县

强渡大渡河，飞夺泸定桥

广元

巴中

绵阳

德阳　　　　　达州

成都　　　遂宁　南充

线路2　雅安　　资阳　　广安

眉山

乐山　　自贡

　　宜宾　泸州

西昌

攀枝花

线路 2 在四川省的位置

线路2 旅游指南资讯⁺

在**线路2**上，
你要经过哪些市（州）：

雅安市→甘孜州

你不可不知的
红色知识点：

　　大渡河水浪滔天，太平天国翼王石达开曾兵折于此，工农红军强渡大渡河却一战功成；泸定桥铁索幽寒，却丝毫未能阻止红军急攻渡河的脚步，在这条线路上可以深刻感受中国工农红军创造历史的非凡胆魄和智慧，也可以在岚安乡和丹巴县了解红军面对困难的勇气和团结各民族同胞共同争取自由民主的决心，还可以在牛背山和海螺沟尽览奇观美景。

教你玩转线路 2：

1. 如何抵达出发城市——雅安市

　　线路 2 的出发城市同线路 1 一样也是雅安。雅安距成都 140 公里，成都新南门旅游集散中心、石羊客运站每天有客运班车到达雅安；而喜欢自驾游的游客，走成雅高速公路到雅安仅 1.5 小时车程，相当方便。

2. 各市县间的交通 + 看点

　　以大渡河和泸定桥为核心的这条线路，景点开发相对完善，各市县之间基本可以利用班车移动，只有前往丹巴县的公共交通较为不便，建议拼车或者自驾，前往丹巴的道路有时会有建设工程或者路况变化，在当地一定要确认好再出发。

从雅安汽车站、北二路车站、雅安旅游汽车站每天有多趟前往天全县的班车，约需 1 小时。从天全县汽车站，每天 8:20、13:30、14:30 各有一班前往荥经的班车；也可以选择从雅安前往荥经和汉源，雅安旅游汽车站到荥经每天有 3 班车。

看点 天全县的二郎山具有雄伟、险峻、神奇、韶秀、清幽的风貌。荥经县的牛背山则能远眺贡嘎、瓦屋、峨眉、四姑娘等几乎所有天府名山，被誉为"亚洲最美观景平台"，有"九寨归来不看水，牛背归来不看云"之说。

 从荥经县汽车站，每天 8:30 和 13:00 各有一班前往汉源的班车；雅安到汉源班次较多，雅安汽车站有 5 班，雅安旅游汽车站有 3 班。从汉源的九襄汽车站和汉源汽车站均有发往石棉县的班车，其中九襄汽车站在 8:00~14:00 有多车，汉源汽车站只在 8:00 有两个班次。

看点 这是两处可以深刻感受"大渡河水浪滔天"的目的地。在汉源可以游览比世界第一大峡谷科罗拉多大峡谷还深 542 米的大渡河峡谷，在石棉则可以前往安顺场红军强渡大渡河纪念地追忆那场惊心动魄的经典之战。

 从石棉汽车站，每天 8:00~16:30 有多班前往泸定的班车。

看点 这里不仅是"飞夺泸定桥"的发生地，还有磨西天主教堂——毛泽东同志住地旧址，更有海螺沟的美景和岚安乡的红军遗迹。

 从泸定到丹巴的班车很少，可以考虑拼车或者自驾，途经沪聂线、S303，约需 5.5 小时。

看点 在丹巴县可以了解红军的民族政策及在少数民族地区的红色活动，主要看点有党岭风景区、丹巴藏民独立师师部驻地旧址、红五军团政治部驻地旧址、顶果山格勒得沙苏维埃旧址。

二郎山

INFORMATION

地址： 四川省雅安市天全县
电话： 0835-6293032
开放时间： 全天
门票： 免费

　　二郎山是青衣江、大渡河的分水岭。森林覆盖率达95％以上，具有雄伟、险峻、神奇、韶秀、清幽的风貌。每年5月，大小杜鹃盛开，红、兰、紫、白交相辉映，此间不时飞来飞去的高原彩蝶使这里显得更加绚丽多彩。

　　古时成都通往二郎山的道路，后来被历史学家们考证为"南丝绸之路"的初始段。二郎山还因一曲雄浑激越的《歌唱二郎山》流传久远。山上有红军长征遗迹，如红军大学、红军总医院、红四方面军总部、大岗山战场等遗址。

● 二郎山隧道

● 雅安牛背山

INFORMATION

地址： 雅安市荥经县三合乡双林村

电话： 0835-7625907

开放时间： 景区可能因开发封闭，请提前确认

牛背山

　　牛背山海拔 3666 米，因山顶一面悬崖有巨石突出酷似牛头、山脊细长貌似牛背而得名。牛背山独特的 360° 高山观景平台，能远眺贡嘎、瓦屋、峨眉、四姑娘等几乎所有天府名山，并集雪山、云海、佛光、星空、花海等壮丽奇观为一体，因此受到全国乃至全世界旅行者、摄影爱好者的热烈追捧，被誉为"亚洲最美观景平台"，素有"九寨归来不看水，牛背归来不看云"之说。

　　由于植被覆盖率极高，近年已经在牛背山发现大熊猫等珍稀动物出没，更添魅力。

大渡河

INFORMATION

地址： 雅安市汉源县306省道四川大渡河峡谷国家地质公园

大渡河干流全长1062公里，天然落差4177米，自然资源十分丰富。

被评为国家地质公园的汉源县大渡河峡谷东西宽17公里，南北长26公里，最窄处仅20余米，最深处却有2675米，比世界第一大峡谷科罗拉多大峡谷还深542米。奇景、奇石、奇花是为峡谷三奇。两岸绝壁千仞，宛如一部"地质天书"，记录了10多亿年来地壳的演变。

大渡河水浪滔天，太平天国翼王石达开曾兵折于此，工农红军抢渡大渡河却一战功成。大渡河成了历史的见证。

安顺场 红军强渡大渡河纪念地

大渡河的险恶，早在太平天国时期就已被历史证明，翼王石达开横渡不成而在此被俘，但是走同样线路的红军，却以大智大勇撕开了敌人的封锁，渡过了被国民党军视为不可逾越的天险大渡河，让"翼王悲剧地"变成了"红军胜利场"。

如今红军强渡大渡河纪念馆巍然耸立于大渡河的西岸。红军当年战斗时用过的枪炮、大刀、旗帜、船只等各种实物100多件和刘伯承、聂荣臻、陆定一等无产阶级革命家的亲笔题词、信函原件以及大量珍贵的图片、资料等228件文物，在这里得以精心保存和展示。另有雕塑广场、红军渡口、红军宣誓场等，一起向世人讲述着那场惊心动魄的强渡之战。

● 石棉安顺场红军强渡大渡河纪念馆和雕塑

INFORMATION

地址： 雅安市石棉县安顺场
电话： 0835-8335525，0835-8871525
开放时间： 9:00~17:00
门票： 10元/人

磨西天主教堂
毛泽东同志住地旧址

● 海螺沟磨西天主教堂毛泽东同志住地旧址

INFORMATION

地址: 甘孜州泸定县磨西镇（海螺沟景区管理局）
电话: 0836-3268351
开放时间: 7:00~14:00
门票: 免费

1935年5月29日晚10时许，连续行军3天的毛泽东一行宿营磨西天主教堂神甫房。第二天凌晨4点，毛泽东带领部队向泸定桥出发。出镇不久先遣团送来捷报：我军胜利飞夺泸定桥！如今，副楼二楼西侧的屋子里，依然保存着当年毛泽东睡过的木板床。磨西天主堂陈列有红军使用过的马灯、草鞋、公文包等文物33件。

磨西天主教堂青砖白线，十分精美，外观为典型的哥特式风格，拥有高耸的尖顶、醒目的十字架，庭院又为中西合璧式砖木四合院结构。

这座标志性欧式风格建筑，象征着西方天主教派在磨西有过一段辉煌的历史，而红军的到来，又赋予了它一段历史的传奇。

海螺沟 冰川原始森林公园

　　海螺沟发源于蜀山之王——贡嘎山东坡的一条冰融河谷，自西南向东北注入大渡河支流磨西河，沟长30.7公里，面积220平方公里，聚集了冰川、高山雪峰、原始森林等自然景观。

　　在海螺沟可以仰望贡嘎雪山的雄伟，感受低海拔冰川的瑰丽。冰川面积达31平方公里，包括3条山谷冰川和规模不大的悬冰川、8条冰斗冰川。景区内还有丰富的野生动物、花卉中草药等。

　　很久以前著名的唐东杰布法王曾在海螺沟的洞穴中住过。每晚他会对着贡嘎神山念经，在念经前他都会吹响海螺，周边的动物就会来听他念经。他走以后，每天还是有动物来听念经，他托梦告诉他的弟子他住过的洞穴外的一块石头已经成为"海螺灵石"，海螺沟也因"海螺灵石"而得名。

INFORMATION

地址： 甘孜州泸定县磨西镇
电话： 0836-3268893
开放时间： 秋冬：7:00~12:30；春夏：7:30~14:00
门票： 92元/人

● 甘孜泸定海螺沟

红军 飞夺泸定桥纪念馆

　　小学课本里那篇《红军飞夺泸定桥》是每个中华儿女很早就接受的红色教育，这座令人惊心动魄的铁索桥就位于甘孜州泸定县。建于清康熙年间的泸定桥，桥身由13根碗口粗的铁链组成，每根铁链由862~997个熟铁手工打造的铁环相扣，全桥铁件重40余吨，相当震撼。这是中国现存最古老的铁索桥，其巧夺天工的架设与吊装技术，体现了古代高超的桥梁建筑水平。

　　距离泸定桥600米处就是位于红军飞夺泸定桥纪念碑公园内的纪念馆，其屋顶模拟了天安门城楼的建筑样式。馆内共计收藏、展示有各类历史文物、图片、文字资料等400余件。

INFORMATION

地址： 泸定桥：甘孜州泸定县城武路；红军飞夺泸定桥纪念馆：甘孜州泸定县丰碑街
电话： 0836-3127733
开放时间： 9:00~17:00
门票： 纪念馆：免费；泸定桥：10元/人

大渡桥横铁索寒

　　1935年5月26日上午，毛泽东、周恩来、朱德等做出夺取泸定桥的决定。左纵队二师四团经过一天一夜急行军120公里，于29日晨抢占泸定桥西桥头，创造了人类行军史的奇迹！随即以二连连长廖大珠为队长的22名突击队员，在火力掩护下向东桥头发起冲击。他们不顾东岸敌人的火力封锁，在铁索桥上一边铺门板一边匍匐射击前进，完成了可歌可泣的英雄壮举。

　　飞夺泸定桥的成功，粉碎了蒋介石南追北堵、欲借大渡河天险把红军变成第二个石达开的梦想。中华人民共和国的10大开国元帅中有7位元帅长征时都经过了泸定桥。聂荣臻写有一首描写飞夺泸定桥的诗：

　　安顺急抢渡，大渡勇夺桥。
　　两军夹江上，泸定决分晓。

岚安乡

岚安乡位于泸定县东北方大渡河东岸，是濒临大渡河边的高山盆地，五条山梁宛如五条巨龙奔向盆地中一个土圆包，是天造地设的"五龙戏珠"。

1935 年 11 月，红三十二军和红四军来到此地，建立了在藏区的第一个苏维埃政权。红军在这里留下了县委和苏维埃政府旧址、红军医院旧址、司令部和高级首长办公旧址以及标语、漫画和文物；还有为掩护县委和苏维埃政府转移，23 名指战员因大雪封路弹尽路绝而跳崖牺牲的英勇故事等。

除红色文化景点之外，岚安乡还有茶马古道遗址、将军庙、乌泥岗四角碉楼、岚安碉房、古街等古迹，贵琼艺术节以及民族歌舞与美食也非常诱人。

INFORMATION

地址： 甘孜州泸定县岚安乡

● 泸定岚安乡红军标语

党岭风景区

整个党岭雪山自西北向东南倾斜，主峰夏羌拉海拔5470米，历来是藏区信教群众朝拜的神山圣地。主峰周围林立着28座海拔5000米以上的雪峰，形成群峰簇拥、雪山相连、气势磅礴的壮丽美景。

独特的地质、地貌与气候条件使党岭风景区保存了大量第四纪以来（距今250万年）的珍稀动物、植物、昆虫等活化石，成为世界上非常重要的地质历史博物馆和物种基因库。党岭雪山也是红军长征时翻越的海拔最高的雪山，留下了许多保存完好的红军石刻标语和可歌可泣的英雄故事。

INFORMATION

地址：甘孜州丹巴县边耳乡境内
开放时间：全天
门票：免费

丹巴藏民独立师师部驻地旧址

丹巴藏民独立师是由红军组织建立的丹巴民族地方武装，马骏任师长。独立师在配合、支援红军主力作战，维护地方治安，保卫红色政权，宣传党和红军政策，帮助红军筹办军需给养，护送红军伤病员以及扩红支前等方面都发挥了重要作用，成为主力红军的一支重要辅助力量。

丹巴藏民独立师师部驻地旧址，地处美丽的甲居藏寨，也是民族建筑艺术的展现，融爱国主义教育和民族文化传承为一体，是得天独厚的红色、人文、自然景观为一体的旅游资源。

● 丹巴藏民独立师师部驻地旧址

INFORMATION

地址：甘孜州丹巴县甲居藏寨
电话：0836-3522337（甲居藏寨）
开放时间：全天
门票：免费；甲居藏寨50元/人

● 丹巴甲居红五军团政治部驻地旧址

红五军团 政治部驻地旧址

INFORMATION

地址： 甘孜州丹巴县甲居藏寨
电话： 0836-3522337（甲居藏寨）
开放时间： 全天
门票： 免费；甲居藏寨50元/人

　　红五军团留驻丹巴期间，遍撒革命火种，组建和巩固丹巴革命根据地，当时的红五军政治部，就设在海拔3800米的甲居藏寨一村村口处一座耸立的石头碉楼内。

　　现在红五军团政治部驻地旧址得到了当地政府维护与修缮，已经纳入甲居景区之内，近年建立了标志性纪念石碑，建设了红五军团文物陈列馆，展出了红五军使用的枪械、大刀、灯具、会议桌椅等文物。红五军团政治部驻地旧址已经成为红色教育基地，成为缅怀革命先烈、传承献身精神的殿堂。

顶果山 格勒得沙苏维埃旧址

顶果山上有一座古老的苯教寺院——顶果山雍忠佐钦岭寺（简称顶果山寺）。大殿的左侧一座两层高的寺院建筑，就是顶果山红军格勒得沙战斗遗迹陈列馆，馆外不远处有红军在此战斗时留下的碉堡以及藏族群众修筑的格勒得沙革命烈士纪念碑。

红军于1935~1936年在丹巴留驻期间，在大渡河上游先后建立了丹巴藏民独立师、格勒得沙共和国（"格勒得沙"是嘉绒藏语，意为"藏族人民"）。红五军团三十七团曾以顶果山寺为根据地，驻防长达8个月之久。

INFORMATION

地址：甘孜州丹巴县牦牛河谷东谷乡东马村顶果山寺

开放时间：全天

门票：免费

● 丹巴顶果山格勒得沙苏维埃旧址

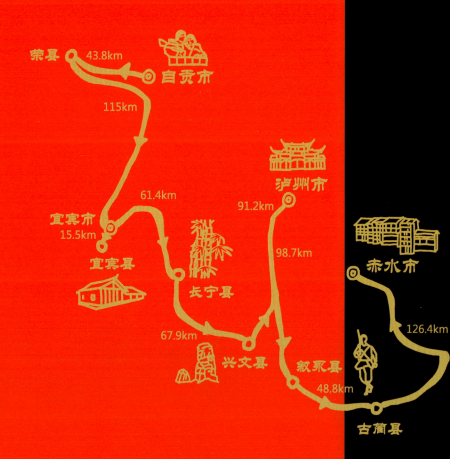

荣县 43.8km 自贡市

115km

泸州市

61.4km 91.2km

宜宾市 15.5km 98.7km

宜宾县 赤水市

长宁县 126.4km

67.9km

兴文县 叙永县 48.8km

古蔺县

线路行程: 自贡市→自贡市荣县→宜宾市→宜宾市宜宾
县→宜宾市长宁县→宜宾市兴文县→泸州市
→泸州市叙永县→泸州市古蔺县→贵州省赤
水市

线路 3 在四川省的位置

线路 **3** 旅游指南资讯 +

在**线路3**上，
你要经过哪些市（州）：

自贡市→宜宾市→泸州市→赤水市（贵州）

你不可不知的
红色知识点：

　　四渡赤水，是中央红军在长征途中，处于国民党几十万重兵围追堵截的艰险条件下，进行的一次决定性运动战战役。此线路以中央红军四渡赤水出奇制胜为主题，融入川南自然风光和中国白酒文化等内容。此线路还可南与贵州、东与重庆等省市红色旅游线路衔接，形成跨省际的红色旅游线路，是川黔渝旅游金三角环线的重要组成部分。

1. 如何抵达出发城市——自贡市

　　自贡交通以公路交通为主，路网较为完善。内宜高速公路、乐自高速公路、成自泸赤高速公路、自隆高速公路均从这里经过，成都、重庆、宜宾等省内外城市都有前往这里的直达高速巴士。如果坐飞机到成都的话，双流国际机场客运站每天有多班前往自贡的班车，另外城北客运站、成都汽车总站也有多班前往自贡的班车。从成都自驾的话，也只需不到 2.5 小时就能到达自贡，还可以沿途观赏美景。

2. 各市县间的交通＋看点

　　位于川南的这条线路，将红色景点与自然风光融为一体。各市县之间的公共交通发达，十分方便。只有从泸州古蔺到贵州赤水需要拼车或自驾。

从自贡汽车客运总站每天 6:00~18:30 有多班车前往荣县，非常方便。

看点 这条线路以革命先烈的故居为起点，可以在自贡市的邓萍故居、江姐故居和荣县的吴玉章故居缅怀先烈们英勇不屈的革命精神。

从荣县西门车站 8:00、11:50、13:50、16:50 各有 1 个班次前往宜宾，从荣县南站 8:10、12:00、14:00、17:00 各有 1 个班次前往宜宾。从宜宾市到宜宾县转乘市内公交即可。

看点 中国李庄抗战文化陈列馆、赵一曼故居。

从宜宾南岸汽车站到长宁县，每天 6:04~19:30 滚动发车，间隔十几分钟，非常方便。从长宁到兴文，每天 6:25~16:00 也有多个班次。

看点 长宁竹海和兴文石海，这两处蜀南胜地是观光重点。

从兴文客运站，每天 5:04~7:39 有多个班次前往泸州。

看点 泸州是与朱德元帅渊源颇深的地方：1916~1920 年，青年朱德驻守泸州 5 年，剿除匪患，救民水火；1926~1927 年，刘伯承、朱德领导泸州起义，策应北伐战争。所以，这里的观光重点是泸顺起义旧址、况场朱德旧居陈列馆、护国战争纪念馆。

从泸州小市汽车站、泸州广场汽车站、泸州超长客运站每天有多班车发往叙永。从叙永汽车站，每天 17:30 有发往古蔺的班次。

看点 在叙永可以参观"鸡鸣三省"会议旧址，古蔺则有被视为世界战争史上典范的"四渡赤水"战役的陈列馆和被誉为"北纬 28° 线上最后的处女地"的黄荆老林。

从古蔺到贵州赤水没有直达的班车，建议拼车或自驾，途经 G352、蓉遵高速，约 2 小时 40 分钟。

看点 原始生态完整的贵州四大古镇之一的丙安古镇。

邓萍故居

INFORMATION

地址： 自贡市大安区大山铺镇江姐村 11 组
电话： 0813-5800700
开放时间： 8:00~18:00
门票： 免费

在距离成都市区约 200 公里路程的自贡市大安区大山铺镇，一处地势较高的丘陵上，邓萍故居被郁郁葱葱的树林掩映着。邓萍雕像矗立在院子正前方，身后的房子是他的事迹陈列馆。

邓萍是红军长征途中牺牲的最高级军事将领，牺牲时年仅 27 岁。但是他短暂的一生却充满了革命光辉——1927 年考入黄埔军校，不久就加入了中国共产党，1927 年北伐过程中已初显军事才能，22 岁时就担任了红三军

● 邓萍故居

团参谋长兼红五军军长。长征途中，为迅速夺下遵义老城，他亲身犯险观察敌情，不幸血洒战场。听闻他牺牲的消息后，彭德怀甚至在惋惜和急怒之下爆了粗口。

江姐故居

INFORMATION

地址： 自贡市大安区大山铺镇江姐村江家湾
电话： 0813-5800700
开放时间： 8:00~18:00
门票： 免费

● 江姐故居

一部《红岩》让革命先烈江竹筠（江姐）的英名传遍大江南北。1948 年，在丈夫彭咏梧牺牲后，江姐强忍悲痛，毅然接替丈夫的工作。后因叛徒出卖不幸被捕，面对各种酷刑，江姐始终坚贞不屈。

江姐故居曾于 1970 年意外毁于火灾，现在的房屋是在原址上重建的。故居是典型的川南民居，背山面水。故居右侧是江姐事迹展厅，正对面屹立着江姐塑像。

吴玉章故居

提起吴玉章，当代人首先想到的可能是"中国人民大学第一任校长"。实际上吴老更是一位革命先驱，早在1911年就先后领导了四川荣县和内江独立，南昌起义时任革命委员会委员兼秘书长。文武兼修的吴玉章，被邓小平赞誉为"我国杰出的无产阶级革命家、教育家、历史学家、语言文字学家"，毛泽东曾亲自为他祝寿。

吴玉章故居始建于清代，原旧居仅存土木结构房屋三间。1988年，在其西侧重建吴玉章故居和陈列馆，院子正中安放着吴玉章半身雕像。

INFORMATION

地址： 自贡市荣县双石镇蔡家堰村六组

电话： 1899008565

开放时间： 8:30~17:30

门票： 免费

中国李庄 抗战文化陈列馆

20世纪40年代，弹丸之地的李庄迎来了傅斯年、梁思成、林徽因等上万名文化巨擘和学子，以及历尽艰辛、辗转内迁至此的国立中央研究院、中央博物院、国立同济大学、南京金陵大学文科研究所、中国营造学社等中国举足轻重的文化教育机构，这个江边小镇也因此与重庆、昆明、成都并称抗战大后方的四大文化中心。抗战时期中央博物院及1000多箱珍贵文物的迁驻地"张家祠"，如今已成为"中国李庄抗战文化陈列馆"，全面展示了抗战时期的烽火岁月和科研机构的内迁历程。

INFORMATION

地址： 宜宾市翠屏区李庄镇文星街1号

电话： 0831-7897789

开放时间： 9:00~18:00，

门票： 20元/人

● 李庄——中国历史文化名镇

赵一曼 故居

赵一曼原名李坤泰，到东北工作后化名赵一曼。在受伤被捕后，面对着日军的残酷审讯，她用自己的生命捍卫了抗联的组织安全。

赵一曼故居依山就势，是一座具有地域风格的传统乡村四合院建筑，始建于清代，迄今有100多年历史，最大限度地利用山地和空间，使整个建筑高低错落、前后有序、上下有别。内部陈列展示了赵一曼的生平事迹。

● 赵一曼故居

长宁竹海

● 长宁竹海

空气里飘着竹叶的清香，竹影婆娑，溪流潺潺，置身长宁竹海，仿佛瞬间就与自然融为了一体。竹海保护区原名万岭箐，28座山岭全是茂密的竹林，竹波荡漾，连片成海，绿透了天府的南端。"蜀南竹海"1988年被列为中国国家风景名胜区。

除了竹的海洋之外，山、林、洞、泉、瀑、湖、庙俱全，同时还有着多种多样的珍稀生物物种和丰富多姿的地质地貌，可谓移步换景、自然天成。

兴文石海

特殊的地理位置、地质构造环境和气候环境条件形成了兴文石海独特的喀斯特地貌，这里是国内发现和研究天坑的地方。

公园内洞穴纵横交错，天坑星罗棋布，石林形态多姿，峡谷雄伟壮观，瀑布灵秀飘逸，湖泊碧波荡漾。各类地质遗迹与独特的僰人历史文化和丰富多彩的苗族文化共同构成了一幅完美的自然山水画卷。"世界第一大漏斗""中国天然游览溶洞——天泉洞""大型地表石海""天下第一石虎"四绝共生，构成了世界级喀斯特景观资源。

● 兴文石海天泉洞

INFORMATION

地址： 宜宾市兴文县石海镇
电话： 400-0831-880
开放时间： 9:00~17:30
门票： 140元/人

泸顺起义旧址

泸顺起义旧址包括总指挥部旧址及龙透关遗址。

总指挥部旧址位于泸州市大云路，建于清光绪八年（1882年）。现有建筑呈工字形，砖木结构，旧观基本未改。龙透关原为古关隘，始建于蜀汉，后几经重建，是泸顺起义的主要屏障，现存古关门、"古龙透关"石碑和明代条石城垣200余米。

1926年12月1日，在杨闇公、朱德、刘伯承、吴玉章等同志领导下，泸州首先爆发了起义。继而顺庆、合川也举行了起义，全面揭开了泸顺起义序幕。尽管泸顺起义失败了，但它却是中国共产党在巴蜀地区独立掌握武装和开展军事斗争的一次勇敢尝试，有力支持了北伐革命，促进了四川革命的蓬勃发展。

INFORMATION

地址： 泸顺起义总指挥部旧址：泸州市大云路；龙透关：泸州市江阳西路34号
电话： 0830-3113485
开放时间： 8:00~17:30
门票： 免费

况场朱德旧居陈列馆

朱德升任靖国军旅长驻节泸州近6年，铲除地方土匪恶霸势力，恩德普泽泸州大地，人民有口皆碑。特别是在1918年朱德剿匪后，社会各界人士在况场竖"除暴安良"、在忠信乡竖"救民水火"两块德政碑以资感戴。这一时期也是朱德探索救国救民真理、旧民主革命思想转型的重要时期。

况场朱德旧居原名陈家花园，是一处富有川南民居特色的古建筑，为朱德在泸州剿匪期间的常住地。朱德住过的寝室、审讯匪首的审讯室等依然保存良好。1981年8月，宜宾行署将况场和忠信乡的两块石碑移入此地陈列。2014年12月3日，朱德总司令铜像在此正式落成。

● 况场朱德旧居陈列馆

INFORMATION

地址： 泸州市江阳区况场镇中大街189号
电话： 0830-3720013
开放时间： 8:00~17:30
门票： 免费

护国战争纪念馆

INFORMATION

地址：泸州市纳溪区棉花坡镇
电话：0830-4699111
开放时间：8:00~17:30
门票：免费

距离泸州市纳溪城区 1 公里的棉花坡镇，有一座陶家大院，是当年护国战争棉花坡战役的指挥部。1916 年 2 月 14 日至 3 月 6 日，朱德奉蔡锷之命，亲率护国军经过 20 多个昼夜的激战，大败北洋军，取得了护国战争关键性的胜利。朱德也以这场以少胜多的典范战例，成为远近闻名的"护国名将"。

● 护国战争纪念馆

陶家大院为川南民居建筑的风格，是全国第一所以"护国战争"命名的纪念馆，陈列展示了护国战争和棉花坡战役作战沙盘，蔡锷、朱德生平资料、枪支、水壶、衣服、草鞋等物品和护国岩铭刻以及纳溪人民支援护国战争的影像资料。

中央红军"鸡鸣三省"会议旧址

● "鸡鸣三省（石厢子）"会议旧址

INFORMATION

地址：泸州市叙永县石坝彝族乡场镇
电话：0830-6986315
开放时间：8:00~17:30
门票：免费

1935 年 2 月 3 日，毛泽东、周恩来、朱德等率领红军中央纵队到达有"鸡鸣三省"之称的石厢子（今泸州市叙永县石坝彝族乡）。当晚，中央政治局常委和中革军委负责人召开了一系列会议，根据遵义会议的精神，中央政治局进行了分工；讨论研究了中央红军的行动方针；讨论研究了中央苏区今后的行动方针等问题。

"鸡鸣三省"会议之说，出自周恩来的两篇报告，这是遵义会议的延续和补充，是党和红军历史上又一次承前启后、继往开来的会议。

中央红军"鸡鸣三省"会议旧址坐北向南，为四合院布局，占地面积 340 平方米，穿斗式梁架，木板墙壁，小青瓦屋面。

● 古蔺县中国工农红军四渡赤水太平渡渡口

中国工农红军 四渡赤水太平渡陈列馆

　　1935 年 1 月 29 日至 3 月 22 日，毛泽东灵活指挥中央红军 4 次往来跨过赤水河，东西驰骋千里，南北往返数次，与 10 倍于己的敌人展开周旋，进行大小战斗 30 多次，歼敌 1.8 万人，这就是著名的四渡赤水战役。"四渡赤水出奇兵"，不仅是毛泽东高超指挥艺术的生动体现，也是红军勇于创新的光辉典范，是毛泽东运动战思想的神来之笔。

　　纪念馆于 1958 年年初，利用当年红军四渡赤水时一军团司令部驻地和毛泽东同志休息室旧址（荣盛通盐号）改建而成。2008 年重建新馆，展出了红军武器、印章、医书、马灯、标语、绝密号谱、宣传缎画、浮桥门板等 300 余件珍贵文物，全面真实地反映了中央红军四渡赤水的全过程。

INFORMATION

地址: 泸州市古蔺县太平镇
电话: 0830-7201313
开放时间: 8:00~18:00
门票: 免费

黄荆 老林景区

　　"披荆斩棘"是一个人们经常挂在嘴边的成语，这其中的"荆"就是指黄荆。黄荆老林景区位于古蔺县北部川黔两省交界处，紧临贵州省赤水市，距离红军长征四渡赤水的全国重点红色文化旅游景点太平渡和二郎镇仅 50 公里。

　　景区内峰峦叠嶂、山深林密、沟壑交错，瀑布飞泻、鸥穴深潭、溪幽水静、丹霞绝壁、环岩栈道等千姿百态，是低海拔地区能够享受森林瀑布群、冬季冰雪世界、丹霞地貌群的罕见区域，也是世界同纬度唯一保存完好的亚热带原始常绿阔叶林区，被喻为"北纬 28°线上最后的处女地"。

● 黄荆八节洞风光

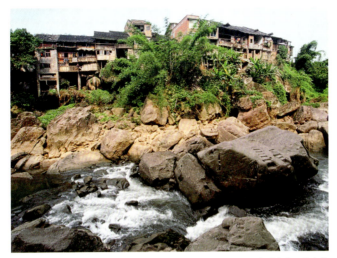

● 贵州赤水丙安古镇

丙安 古镇

INFORMATION

地址: 贵州省赤水市丙安乡
电话: 0851-22991118
开放时间: 7:00~18:00
门票: 20元/人

　　丙安是中国历史文化古村,贵州四大古镇之一。古镇建于赤水河畔陡峭的危岩之上,背依青山,三面环水,砌石为门,垒石为墙,依山而建木质悬空吊脚楼,经千年风霜仍稳如磐石。丙安古镇为川盐入黔古盐道,也是著名的商品集散地。清代诗人陈熙晋游丙安古镇曾发出"满眼盐船争泊岸,收得百货夕阳中"之感叹。

　　现在在赤水河上修建了一座悬索吊桥连接古镇,就在距桥柱不远的公路旁立有一块石碑,上刻"丙安红军渡口"。1935年1月,红军四渡赤水时,红一军团第二师和师团部曾在丙安镇扎营,保证红军顺利一渡赤水,取得了战略性的胜利。丙安红一军团纪念馆为两层木楼,是红一军团在全国唯一的纪念馆。古镇里还有红一军团指挥部、林彪和李德休息处等。

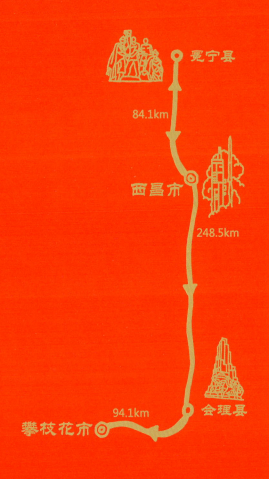

冕宁县

84.1km

西昌市

248.5km

94.1km 会理县

攀枝花市

线路行程： 凉山州西昌市→凉山州冕宁县→凉山州金沙
江→凉山州会理县→攀枝花市

线路 4 在四川省的位置

线路**4** 旅游指南资讯⁺

在**线路4**上,
你要经过哪些市(州):

凉山州→攀枝花市

你不可不知的
红色知识点:

　　以毛泽东长征诗词"金沙水拍云崖暖"为主题,把红军长征中发生在该区域的巧渡金沙江、战会理、泸沽分兵、攻冕宁、彝海结盟等系列著名事件串联起来,同时融入攀西的阳光生态、民族风情、现代工业文明等特色旅游景观。

教你玩转线路 4：

1. 如何抵达出发城市——西昌市

　　西昌青山机场是攀西地区的航空港，北京、上海、广州等主要城市都有到这里的直达航班，成都双流机场每天都有往返航班。成昆铁路纵贯南北，可直达成都、昆明、西安、重庆及北京，西昌距成都约 630 公里，火车约需 12 小时，成都火车南站和成都火车北站都有发往西昌的火车，其中北站夕发朝至的特快列车是旅游者最好的选择。也可以乘汽车前往，成都石羊客运站、东站汽车站、旅游客运中心每天有多班客车发往西昌，需5.5~7.5 小时。

2. 各市县间的交通 + 看点

　　这条川西线路，以西昌为核心城市，公共交通较为发达，可以根据自己的旅行安排，在当地选择合适的客车班车。

 从西昌到冕宁，西昌汽车客运总站、西昌旅游客运中心（长途汽车站）7:00~17:40 每隔 20 分钟一班，西昌汽车客运中心有流水班车。

看点 西昌市有国家级风景名胜区邛海—螺髻山。在冕宁县有在中国航天史上写下丰功伟绩的中国西昌卫星发射中心，还可以参观彝海结盟纪念地和凉山红军长征纪念馆，了解红军过凉山彝区时的民族政策和革命活动。

 从冕宁没有直接到会理的班车，一般从西昌前往，西昌汽车客运总站、西昌旅游客运中心（长途汽车站）、西昌汽车客运中心每天 6:00~17:00 有很多班次，可根据自己的行程安排来选择。

看点 在"金沙水拍云崖暖"的皎平渡可以参观红军渡江遗址，遥望那段峥嵘的战争岁月；还可以通过会理会议遗址、红军长征过会理纪念馆了解红军长征途中的战略决策过程与细节。

 从会理县客运中心站，每天 6:10~17:20 有多班客车发往攀枝花。

看点 攀枝花是三线建设的典型城市，攀枝花中国三线建设博物馆再现了三线建设的光辉岁月。"中国第一彝族自然村"迤沙拉则有着独具特色、蜚声中外的里泼民俗文化、建筑文化、谈经古乐，成为汉族和彝族生活习俗高度融合的案例。

● 西昌邛海——春天栖息的城市

邛海——螺髻山国家级风景名胜区

INFORMATION

地址： 邛海湿地公园：西昌市海滨中路；螺髻山：西昌市普格县螺髻山镇

电话： 0834-3952075（邛海），0834-4779326（螺髻山）

开放时间： 邛海湿地公园全天开放；螺髻山09:00~17:30

门票： 邛海湿地三期门票 50 元 / 人、其他景点免费，螺髻山 70 元 / 人

　　"月出邛池多诗意"说的正是邛海，这座高原湖泊卧于泸山东北麓，螺髻山北侧，以恬淡著称，山光云影，一碧千顷。目前邛海已被规划为湿地公园，分为观鸟岛、梦里水乡、烟雨鹭洲和西波鹤影等几大区域。

　　螺髻山千峰叠翠，山势雄奇，胜境遍布，还是我国已知山地中罕见的保持完整的第四纪古冰川天然博物馆。每年 5 月，漫山遍野的杜鹃花怒放，多达 30 余种，颇为壮观。

西昌 卫星发射中心

　　西昌卫星发射中心发射场内矗立着两座巍峨挺拔的发射塔架，犹如两座丰碑，记录着西昌卫星发射中心在中国航天史上的丰功伟绩。一座是三号"功勋"塔，我国第一颗试验通信卫星、第一颗实用通信卫星、第一颗国际商务卫星、"嫦娥一号"探月卫星都是从这里启程飞往太空；另一座是二号"鲁班"塔，曾成功发射了大推力捆绑式火箭、"北斗"导航卫星、"嫦娥二号"。

　　1975年，国家"331"通信卫星工程立项，中国航天向地球同步轨道远征的重任落在了西昌卫星发射中心。伴随着1984年6月8日成功发射我国第一颗地球同步轨道卫星，西昌卫星发射中心开始在中国航天史上写下多个骄人战绩，也成了国人心中的骄傲。

　　1988年，西昌卫星发射中心对外开放，至今已有数十万海内外游客来到这片神奇的峡谷，了解了火箭发射的精彩过程。

● 中国西昌卫星发射中心

INFORMATION

地址： 凉山州冕宁县泽远乡
电话： 0834-3234100
开放时间： 有发射任务时关闭，其他时间开放
门票： 90元/人

● 凉山红军长征纪念馆

INFORMATION

地址：凉山州冕宁县城厢镇东街 10 号

电话：0834-6722285

开放时间：9:00~17:00

门票：免费

凉山 红军长征纪念馆

　　凉山红军长征纪念馆设在冕宁，正是在冕宁，"长征"一词第一次被提出。

　　1935 年 5 月，红军长征过冕宁，在冕宁创下了"四个第一"：冕宁是红军长征以来进入的第一个县城、建立了红军长征途中第一个革命政权——冕宁县革命委员会、组织了第一支农民地方武装——冕宁人民抗捐军、"长征"一词第一次被提出。

　　纪念馆所在的房屋为长征时毛泽东接见彝族代表处，纪念馆中展出珍贵原件文物共 100 余件，第一次提出了"红军万里长征"一词的《中国工农红军布告》尤其值得一看，此前在中央红军文件中只出现过"西征""远征"的说法。

彝海结盟 纪念地

　　1935年5月，红军经会理向北进入彝族聚居山区，准备北上渡过大渡河。但是由于国民党反动派长期对彝区的残酷压迫，红军受到了当时不明真相的彝族人的阻挡。

　　为了迅速借路北上，争取战略时间，作为红军先遣队司令员的刘伯承，决定与性格豪爽、讲义气且在当地声望颇高的彝海彝族果基支头人果基小叶丹歃血结盟、誓为兄弟。彝海结盟成为中国共产党民族政策的一次生动实践。

　　后来彝族群众将当年彝海结盟盟誓处刘伯承、聂荣臻、果基小叶丹坐过的三块石头保留了下来，1995年建造了"彝海结盟纪念碑"，2005年兴建了彝海结盟纪念馆、环海步行道等旅游景点。

INFORMATION

地址： 凉山州冕宁县彝海镇彝海村
电话： 0834-6722285
开放时间： 9:00~17:00
门票： 免费

● 彝海结盟纪念馆

● 金沙江

金沙江

　　裹挟着黄沙的大江，如金色缎带般穿行于川、藏、滇三省区之间，至四川宜宾纳岷江始名长江。江水流急坎陡、惊险磅礴，两岸崇山叠翠、峭壁巍峨，具有"高、深、窄、曲、陡"的特点，形成了"长江第一湾"月亮湾、闻名世界的大峡谷虎跳峡、"世界险滩"老君滩等无数奇绝景观。

　　红军长征期间曾于石鼓渡口和皎平渡分别渡过金沙江，实现了北上的战略转移。

皎平渡 红军渡江遗址

"金沙水拍云崖暖"，毛泽东这句诗写的正是皎平渡。

中央红军四渡赤水后，准备抢渡金沙江入川。为实现这一战略意图，1935年5月3日中央军委下令抢占皎平渡。刘伯承率干部团昼夜翻山越岭行军180华里（90公里），于3日晚来到皎平渡，悄悄渡河，对敌人发动突击，控制了皎平渡两岸渡口。至9日，红军主力靠7只小船在37名船工的帮助下从容地渡过了金沙江。

从此，中央红军完全摆脱数十万大军的围追堵截，实现了渡江北上的战略意图。皎平渡口也因此名扬天下，成为中国革命历史的圣地。

皎平渡遗址现有毛泽东、周恩来、朱德、邓小平等同志指挥渡江时住过的"红军洞"11个。金沙江南岸是朱德、刘伯承指挥红军渡江时站过的"将军石"。纪念碑、纪念馆等设施已相继在皎平渡桥落成。

INFORMATION

地址： 凉山州会理县通安镇中武山村东北1.5公里（金沙江边）

电话： 0834-5622047

开放时间： 全天

门票： 免费

红色阅读
HONGSE YUEDU

七律·长征

红军不怕远征难，万水千山只等闲。
五岭逶迤腾细浪，乌蒙磅礴走泥丸。
金沙水拍云崖暖，大渡桥横铁索寒。
更喜岷山千里雪，三军过后尽开颜。

1934年10月，中国工农红军为粉碎国民政府的围剿，保存自己的实力，也为了北上抗日，挽救民族危亡，从江西瑞金出发，开始了举世闻名的长征。

这首七律作于红军越过岷山、长征即将结束之时，回顾了长征一年来所战胜的无数艰难险阻，展现了毛泽东当时满怀喜悦的战斗豪情。

会理 会议遗址

INFORMATION

地址： 凉山州会理县老街乡铁厂村（红旗水库湖畔）

电话： 0834-5622292

开放时间： 全天

门票： 免费

当年红军入川经过的第一个县城就是会理县。1935 年 5 月 12 日，中共政治局在会理县城郊铁厂举行扩大会议，史称会理会议。会议针对当时部队的思想情绪，进一步阐明了党中央和中央军委机动作战才能摆脱敌人重兵包围的作战方针，决定立即北进，抢渡大渡河，向红四方面军靠拢。这次会议既是遵义会议的继续，也是红军长征中的又一转折点。

2007 年，会理县人民政府在当年会理会议召开的遗址附近修建了红军长征纪念碑和红军广场。

● 会理会议遗址

会理是古西南丝绸之路必经重镇，现仍保存有 600 多年前的明代古城楼。

红军 长征过会理纪念馆

遵义会议以后，毛泽东率领中央红军四渡赤水，巧渡金沙江，摆脱了敌军几十万人数月的围追堵截，来到会理。红军在这里得到休整、补充。同时，通过会理会议进一步明确了中央的作战动机，统一了思想。中央红军在会理期间足迹遍及全县的 31 个乡镇，广泛开展土地革命和建党建政等革命活动，留下了大量革命文物。

红军长征过会理纪念馆于 2009 年正式开馆，属专题性纪念馆。纪念馆以中央红军长征过会理这一重大历史事件为主题，采用图片、实物场景复原、多媒体影像等表现手法，讲述了中央红军巧渡金沙江和召开会理会议等历史事件。还有一块"共和国不会忘记"的纪念碑，上面镌刻有本地 37 名帮助红军渡过金沙江的船工名字。

INFORMATION

地址： 凉山州会理县环城西路中段 2 号

电话： 0834-5622047

开放时间： 9:00~17:00；周末闭馆

门票： 免费

攀枝花 中国三线建设博物馆

INFORMATION

地址: 攀枝花市仁和区炳仁路
电话: 0812-3329595
开放时间: 9:00~17:00,15:30
停止领票;周一闭馆
门票: 免费

毛主席著名的"三·四"批示、邓小平视察攀枝花时曾用过的茶叶罐、三线建设者使用过的双鸽打字机、堪称中国第一大爆破的朱家包包狮子山万吨大爆破场景……这些再现了三线建设的光辉岁月的珍贵文物就收藏在攀枝花中国三线建设博物馆中。

博物馆收集了各类三线建设文物 1 万余件(套)、图片 2 万余张,口述历史视频 120人、8000 多分钟,以及其他三线建设时期视频资料 3000 多分钟。

迤沙拉

● 中国历史文化名村——迤沙拉

金沙江畔的这个小村庄,颇具苏皖风貌——高墙深院,院院相邻;门前有巷,纵横如网;廊腰缦回,檐牙高啄。这是因为该村历史上是古南丝绸之路拉乍古渡的一个驿站,村子里街巷门肆、骡马客栈,多沿明朝南京先祖来时留下的体例。600 多年来,因长期的多民族交往和融合,形成独具特色、蜚声中外的理泼民俗文化、建筑文化、谈经古乐,成为汉族和彝族生活习俗高度融合的"中国第一彝族自然村"。

INFORMATION

地址: 攀枝花市仁和区平地镇

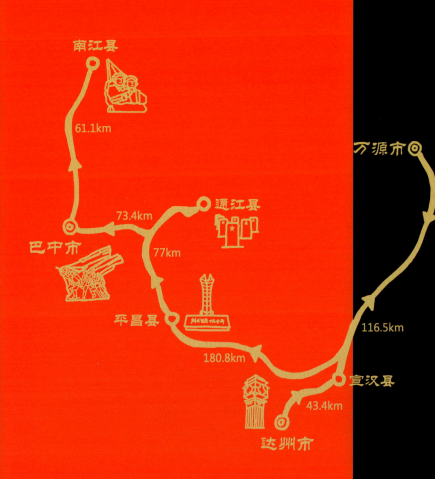

南江县

61.1km

万源市

通江县

73.4km

巴中市

77km

116.5km

平昌县

180.8km

宣汉县

43.4km

达州市

线路行程： 达州市→达州市宣汉县→万源市（达州）→
巴中市平昌县→巴中市通江县→巴中市→巴
中市南江县

线路 5 在四川省的位置

线路 **5** 旅游指南资讯 ⁺

在 **线路5** 上，
你要经过哪些市（州）：

达州市→巴中市

你不可不知的
红色知识点：

　　这是全国30条红色旅游精品线路之一，以川陕苏区革命遗迹、川陕苏区文化为特色，并融入大巴山自然风光、巴人文化等内容，感悟红四方面军创建根据地的艰苦，感受大巴山人支持红军的火热情怀，领略大巴山神奇壮美风光和独特巴人文化、巴山民俗。

教你玩转线路 5：

1. 如何抵达出发城市——达州市

　　北京、上海、广州、深圳、昆明、泉州、成都、三亚、拉萨、杭州等国内主要城市均有航班起降达州河市机场。国道210、318线，襄渝铁路、达成铁路、达万铁路纵横交错；达渝高速公路 2 小时以内就能从重庆抵达达州，从成都过来，也仅需3.5 小时。

2. 各市县间的交通 + 看点

　　这条以川陕革命根据地和巴山蜀水为观光重点的线路，把达州市作为交通中转的中心，可以先往东前往宣汉和万源，再回到达州，向西北前往巴中的各县市。公共交通基本覆盖整条线路，车次很多，可以在当地根据自己的行程计划进行选择。

从达州汽车北站有流水班车到宣汉县。

看点 达州市的观光重点是达州红军文化陈列馆，宣汉县则有红三十三军纪念馆和充分展现了大自然的鬼斧神工的巴山大峡谷。

 从宣汉客运站每天 15:00 有一班前往万源的班车，约 1.5 小时。火车则更方便一些，每天 5:23~20:32 有多班列车，约 1 小时。

看点 红四方面军战史上"时间最长、规模最大、战斗最艰苦、战绩最辉煌"的一场战役——万源保卫战的战史陈列馆就在这里，电视剧《血战万源》的剧迷不可错过。

 前往平昌，最好从万源先回到达州。从万源到达州的火车很多，用时 2~2.5 小时，可根据自己的行程选择；也可以乘坐汽车，每天 6:00~15:30 有 6 班车；还有一趟走高速的流水班，发车时间不固定，需在 17:30 之前上车，约 2.5 小时。从达州市汽车西站，每天 12:30、18:20 各有一个班次前往平昌。

看点 刘伯坚烈士纪念馆。

 从平昌 159 队汽车站，每天 7:00~15:00 每 1 小时有一班发往通江县的班车。

看点 在通江可以参观红四方面军总指挥部旧址纪念馆、川陕革命根据地红军烈士陵园、空山战役纪念园。

 从通江 158 队汽车站、通江汽车客运站，每天 6:00~17:40 有多班车发往巴中，车型、途经线路有所不同，可以在当地根据自己的行程安排进行选择。从巴中的江北客运中心站，每天 6:30~18:10 每隔 20 分钟有一班发往南江县的班车。

看点 巴中是川陕革命根据地的重要区域，川陕革命根据地博物馆和川陕苏区将帅碑林都在这里，还有恩阳红色古镇。南江县有著名的巴山游击队的纪念馆，还有以"十月节"而闻名的光雾山。

达州 红军文化陈列馆

达州红军文化陈列馆雄伟大气，风格古朴，毗邻张爱萍故居。2010年1月5日，在张爱萍将军诞辰100周年之际，达州红军文化陈列馆正式对外开放。

陈列馆展厅面积18000平方米，包括序厅、红军战斗在达州、英烈浩气壮达州、将星璀璨耀达州、红色书艺靓达州五个展厅，馆内陈列了达州籍红军将士的大批遗物，大量的照片、史料全面展示了红四方面军建立川陕革命根据地的许多重大史实，表现了巴山红军精神和达州人民勇于奉献、无私无畏的革命精神。

INFORMATION

地址： 达州市通川区罗江镇
电话： 0818-3841100
开放时间： 9:00~16:00
门票： 免费

●达州红军文化陈列馆

红三十三军纪念馆

INFORMATION

地址： 达州市宣汉县巴山红军公园
电话： 0818-6248533
开放时间： 8:30~16:00
门票： 免费

红花寺来长得高，红军来了修战壕。

炮声隆隆朝下打，白匪死了一大窖。

这首红三十三军与敌人激战红花寺时的民谣，至今仍在被传唱。

红三十三军的前身是威名远播的川东游击军，1933 年 10 月同红四方面军会合于宣汉地区，11 月 2 日改编为红三十三军，王维舟任军长。1936 年 1 月与红一方面军五军团合编为红五军，由此撤销番号。该军为川陕革命根据地的巩固和发展、红军长征等做出了巨大贡献和牺牲。

● 达州市宣汉县红三十三军纪念馆

纪念馆展线 500 余米，以"铁血英魂"为设计理念，塑造了以红三十三军为主体的川东无产阶级革命者群像，再现了红三十三军辉煌而悲壮的历史。

巴山 大峡谷

INFORMATION

地址： 达州市宣汉县
电话： 0818-5206900
开放时间： 8:00~18:00
门票： 120 元 / 人

● 巴山大峡谷

大自然的鬼斧神工把山、水、洞融为一体，形成了巴山大峡谷典型而独特的推覆褶皱构造地貌、幽深而伟岸的 V 形峡谷、丰富而多样的生态系统。

除了以峰险、水秀、谷幽、洞奇、滩多而著称，这里还有秦末汉初樊哙屯兵驻扎留下的古迹遗址，还能聆听到以巴山"背老二"为代表的民歌民谣，感受到婚丧嫁娶等有成套严格规矩的土家风情，体验到有惊无险的"川东第一漂"……是生态和人文景观有机结合、集美学价值与科学价值为一体的综合性国家级地质公园。

● 万源保卫战战史陈列馆

INFORMATION

地址：达州市万源市太平镇驮山
北路 46 号，万源红军公园之内
电话：0818-8626152
开放时间：9:00~18:00
门票：免费

万源 保卫战战史陈列馆

　　川东游击军司令李家俊的书报、川陕苏维埃主席熊国炳的衣服、女红军王芸的蓝花布包单……万源保卫战战史陈列馆中保存了很多让人动容的"历史见证"。

　　1934 年夏进行的万源保卫战是红四方面军反"六路围攻"由防御转为进攻的重大转折，是红四方面军战史上"时间最长、规模最大、战斗最艰苦、战绩最辉煌"的一场战役。

　　陈列馆用 170 米长的展线展出了当年红军在万源留存的各类文献资料、武器、弹药、石刻、标语及其他珍贵文物约 1238 件。以现代化声、光、电技术生动再现了老一辈无产阶级革命家率领 8 万红军将士和英雄的巴山儿女血战万源、保卫苏区的悲壮场景。

　　10 集电视剧《血战万源》播出后，慕名前来参观的游人更是络绎不绝。

你也许不熟悉王近山，但你一定知道李云龙！

　　1933 年 10 月，万源五龙台战斗打响，时任 28 团团长的王近山与刘湘的主力四师相遇，令敌四师师长范绍增连连哀叹："我们不晓得倒了哪辈子的霉？遇到了这样的硬骨头！"或许，今天的人们并不熟悉王近山将军，但人们一定熟悉电视剧《亮剑》主人公李云龙，他的原型就是王近山将军。

　　万源保卫战涌现了无数激荡人心的英雄故事：大刀将军许世友、虎胆将军王必成、巴山女杰何莲芝……万源城郊的驮山自古产铁，用于铸造大钟，但在万源保卫战中，人们看到了红军比铁还要硬的铮铮风骨。

中国 工农红军石刻标语园

INFORMATION

地址： 巴中市平昌县佛头山旅游景区

电话： 0827-6331129

开放时间： 9:00~17:00

门票： 免费

● 中国工农红军石刻标语园

　　川陕苏区时期，巴中市平昌县有 3 万多人参加红军，5000 多人血染沙场。红军为宣传中国共产党的革命纲领，动员群众，打击敌人，书写、鍪刻了大量革命标语。

　　为保护红色文化遗产，传承革命精神，平昌县修建了中国工农红军石刻标语园。标语园总占地 100 余亩，分为六大片区，共收录展示了 1600 余幅红军石刻标语。

刘伯坚 烈士纪念馆

　　通河、巴河、龙潭三面盘绕佛头山，众山簇拥环护，状如众星拱月。佛头山也因传说"观音大士派佛头童子下凡镇守龙潭溪"而得名，如今已建成国家 4A 级旅游景区，红色文化区也在其中。刘伯坚烈士纪念馆背靠华严，左控通河，右扼佛头山，地势高爽，视野开阔，四周树木葱茂，环境静谧。

INFORMATION

地址： 巴中市平昌县佛头山旅游景区

电话： 0827-6331129

开放时间： 9:00~17:00

门票： 免费

　　纪念馆总占地 1500 平方米，由纪念碑诗屏、碑廊和刘伯坚烈士生平事迹陈列馆组成。序厅诗屏上镶嵌着刘伯坚烈士《带镣行》手迹，馆内安放着刘伯坚汉白玉塑像。室内陈列有烈士生前的珍贵照片、遗物、亲笔书简约 1000 件，系统展示了刘伯坚烈士"生是为中国，死是为中国"光辉战斗的一生。

红四方面军总指挥部旧址纪念馆

纪念馆所在的通江素有"一府三乡"（川陕革命根据地首府、溶洞之乡、红军之乡、银耳之乡）的美称。1932年12月，红四方面军解放通江城，总指挥部设在通江县城文庙内。在长达两年半的时间里，红四方面军和川陕革命根据地的地方武装、广大群众以通江为依托，粉碎了敌人的"三路围攻"和"六路围攻"，同时加强根据地各方面建设，使川陕革命根据地成为全国第二大苏区。

红四方面军总指挥部旧址所在文庙系明代建筑，造型凝重，结构严谨，主体建筑雕梁画栋，屋面琉璃生辉，房脊雕龙嵌凤，高墙重门，巍峨肃穆。

中华人民共和国成立后，此旧址一直得到政府保护。1982年辟为川陕革命根据地军事陈列馆，1984年正式开馆，1992年更名为红四方面军总指挥部旧址纪念馆。纪念馆主题陈列展《巴山烽火》再现了川陕军民开展土地革命、武装斗争、建立政权、扩大红军、创建根据地的历史史实。

INFORMATION

地址：巴中市通江县诺江镇文庙街29号
电话：0827-7231309
开放时间：8:30~11:30，14:30~17:30；周一闭馆
门票：免费

● 巴中通江红四方面军总指挥部旧址纪念馆

会主义精神文明建设   发挥爱国主义教育基地

● 巴中通江川陕革命根据地红军烈士陵园

INFORMATION

地址： 巴中市通江县沙溪镇王坪村

电话： 0827-7550339

开放时间： 9:30~12:00，15:00~17:30；周一闭馆

门票： 陵园景区免费；纪念馆30元／人

川陕革命根据地红军烈士陵园

川陕革命根据地红军烈士陵园坐落于巴中市王坪村，原名王坪红军烈士墓。

1933 年 12 月至 1934 年 12 月，红四方面军总医院迁至王坪村，接收治疗前线运回的重伤病员。由于当时条件恶劣、医药及器械缺乏，不少从战场上转运下来的伤员得不到及时有效救治而壮烈牺牲，均被安葬在王坪村周围。为缅怀革命烈士，红军决定在总医院旁修建烈士墓，这也是全国唯一一座红军为自己战友修建的陵园。

中华人民共和国成立后，陵园得到多次修整扩建。2002 年更名为"川陕革命根据地红军烈士陵园"。2011 年修缮新建了无名烈士纪念园、"铁血丹心"广场、千秋大道等，迁入通江县散葬烈士 17225 名，现共安葬 25048 名烈士。2012 年 5 月修缮竣工开园，是全国最大的红军烈士陵园。

空山 战役纪念园

INFORMATION

地址： 巴中市通江县空山乡中坝村黄杨沟
电话： 0827-7694001
开放时间： 8:30~11:30; 15:00~17:30
门票： 免费

空山一带属喀斯特地貌，地下多空洞，地表沙化，不容易存水，这就是空山地名的来历。

1933 年 5 月，红四方面军在徐向前、李先念指挥下，为抗击四川军阀田颂尧的"三路围攻"，采取"收紧阵地、诱敌深入、积极防御"的战略方针，在空山坝一带集中力量采取断敌后路、分割包围的战术，将敌军诱入空山坝予以聚歼，经过 3 天的激战，取得了决定性胜利，使红四方面军在川陕边区站稳了脚跟。

空山战役纪念园按照"两轴多节点"的布局模式，分为纪念大道轴线、核心区轴线两个核心景区，并因地制宜地进行了植物和灯光配置，整体给人庄严肃穆的感觉。

川陕 革命根据地博物馆

INFORMATION

地址： 巴中市巴州区南龛坡山腰
电话： 0827-2631655
开放时间： 8:30~11:30, 14:30~17:30
门票： 免费

● 巴中城区川陕革命根据地博物馆

巴中群山环绕，层峦叠翠，像一座巨大屏风矗立。

1932 年，红四方面军领导当地人民在这里建立了全国第二大苏区——川陕革命根据地。当年巴中有 12 万人参加红军，其中 4 万多人为革命献出生命，该市有红军遗迹遗址 350 处、红军文物 10 万多件。川陕革命根据地博物馆是收藏、研究、宣传川陕革命根据地文物和历史的地方性专题博物馆。

馆内收藏有川陕省苏维埃政府石刻的《中华全国苏维埃第一次代表大会劳动法令（草案）》等革命文物资料达 2 万余件、史料 2000 余万字。

● 巴中川陕苏区将帅碑林

INFORMATION

地址： 巴中市巴州区南龛坡山顶
电话： 0827-2635179，0827-2635198
开放时间： 8:30~11:30，14:30~17:30
门票： 免费

川陕苏区将帅碑林

　　一共有大理石碑 4300 块，镌刻 13.2 万名红军名录，收集陈列有红军将士 9500 余人的遗物。另外还安放了飞机 1 架，三七高炮 2 门。

　　碑林沿南龛风景区山坡蜿蜒起伏，犹如一幅壮阔的历史长卷，铺陈出红军当年浴血奋战、气壮河山的伟大精神。如今，川陕苏区将帅碑林已经成为全国爱国主义教育示范基地，是中国碑林史上和红色旅游线上的一大重要景观。

红色贴士 在上山途中，可以看到山壁上有不少当年红军的石刻宣传标语。据史料载，石刻标语是红四方面军开展宣传活动的一大创举，他们在川陕苏区的山山水水间留下了 3000 余幅石刻标语，其中最有名的当数刻在通江县沙溪乡岩壁之上的"赤化全川"，字高 5.5 米，宽 4.7 米，笔道之内可躺卧一人，十数里之外清晰可见，堪称世界石刻之最。

恩阳 红色古镇

　　因渠江的二级支流恩阳河流经此地，故名恩阳，古镇位于四川革命老区，是一个极具川北特色的民居群落。

　　1933 年 6 月，川陕省恩阳县委、县苏所辖的保卫局、军区指挥部、革命法庭、少共指挥部、女子独立团、列宁小学等机构都设立在恩阳镇上、下正街。徐向前在恩阳亲自指挥过仪南战役，许世友在恩阳指挥了杏儿垭、尹家铺、登文山、平梁城等著名战役。

　　1933 年 6 月至 1935 年春，恩阳有 13000 名儿女参加了红军，有 5 名成为了共和国将军。红军在恩阳留下了不朽史迹。

　　恩阳镇不但是一片红色土地，还有保存较为完好的 0.5 平方公里的明清古建筑群，呈现出古镇独特的生活和传统遗风，核心保护区内 17 条街巷曲折蜿蜒。

INFORMATION

地址： 巴中市恩阳区恩阳镇
电话： 0827-3369109
开放时间： 全天
门票： 免费

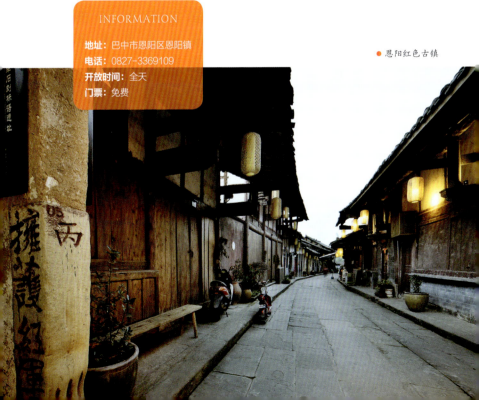

● 恩阳红色古镇

● 巴中市南江县巴山游击队纪念馆

巴山 游击队纪念馆

INFORMATION

地址：旧馆：巴中市南江县
光雾山镇铁炉坝村
新馆：巴中市南江县南江镇
朝阳新区仿古街
电话：0827-8222603
开放时间：8:00~18:00
门票：免费

　　"游击队，进巴山，满山洒下红传单，一张传单一把火，巴山老林红了天……"这首至今仍被当地老人传唱的歌谣，道出了当时巴山游击队在根据地打土豪、分田地，深受百姓欢迎的盛况。

　　以刘子才、赵明恩为首的巴山游击队，是红四方面军西渡嘉陵江前组建的一支留守川陕革命根据地的正规武装力量。他们在南江光雾山的丛林之中走山路、钻荆棘、吃野菜，在极端艰苦的条件下与数倍的敌人顽强斗争，坚持奋战达5年之久。

　　巴山游击队纪念馆，分为旧馆和新馆。旧馆建于2003年，以巴山游击队指挥部旧址为核心，由厘金局遗址、广场、主题雕塑、史迹陈列馆、赵明恩烈士墓5个部分组成。在汶川大地震中，旧馆受损，政府决定在修复旧馆的同时，在南江县城朝阳新区建立新馆。新馆展览分3个单元，分别展示了游击队创建的背景、五年战斗历程和全国解放后与巴山游击队有关的一些情况。

光雾山

  光雾山主峰海拔 2507 米，因常年云雾缭绕而得名。奇峰怪石、峭壁深谷、溪河瀑潭、幽密森林融为一体，尤其以每年 10 月的"红叶节"而闻名，彼时红叶漫山，层林尽染，如火如荼，蔚为壮观。

  光雾山风景区由桃园、大坝、十八月潭、小巫峡等几大片区组成，各区自有千秋，又都具有"峰奇、石怪、谷幽、水秀、山绿"的五绝魅力。

  景区也蕴含着丰富的历史文化，有米仓古道、韩信夜走韩溪河等遗迹。另外巴山游击队在此战斗达五年之久。为纪念三国时期刘备、关羽、张飞在桃园三结义，清代当地人在此地建桃园寺，核心景区桃园因此得名。

● 光雾山

INFORMATION

地址： 巴中市南江县光雾山镇

电话： 0827-8269310

开放时间： 7:00~18:00

门票： 桃园景区旺季 108 元、淡季 50 元；大坝景区旺季 85 元、淡季 50 元；十八月潭景区旺季 55 元、淡季 50 元；小巫峡景区 80 元

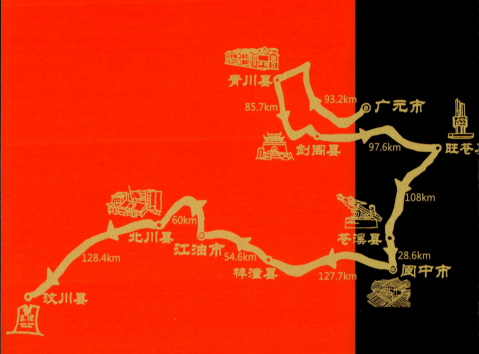

青川县

85.7km

93.2km 广元市

剑阁县

97.6km 旺苍

108km

北川县

60km

苍溪县

江油市

54.6km

28.6km

128.4km

梓潼县

127.7km 阆中市

汶川县

5.12

线路行程： 广元市→广元市青川县→广元市剑阁县→广
元市旺苍县→广元市苍溪县→阆中市（南充）
→绵阳市梓潼县→江油市（绵阳）→绵阳市
北川县→阿坝州汶川县

线路 6 ／ 嘉水龙门，西向会师，灾后重建

线路 6 在四川省的位置

线路 **6** 旅游指南资讯 +

在*线路6*上,
你要经过哪些市(州):

广元市→南充市→绵阳市→阿坝州

你不可不知的
红色知识点:

　　这条线路以红四方面军强渡嘉陵江、向西会师为主题,以嘉陵江自然风光、沿江重要历史文化胜迹为配套,展示红四方面军在嘉陵江流域发生的木门会议、血战剑门关等重大军事政治活动,以及"5·12"汶川大地震灾后重建的崭新风貌,并融入古蜀道文化、三国文化和川北自然山水风光。在这条线上可开展血战剑门关遗迹观光、剑门蜀道历史文化观光、抗震救灾感悟游等活动。

教你玩转线路 6：

1. 如何抵达出发城市——广元市

　　广元市自古以来就是川陕甘毗邻地区的交通枢纽和物资集散中心，处于成都、西安、重庆、兰州四大西部城市腹心地带。广元火车站是四川省综合实力第三的火车站，每天途经广元开往北京、上海、成都、西安、昆明、乌鲁木齐、拉萨、沈阳等各大城市的列车有 40 多趟。同时，也有从北京、广州、杭州、深圳等地前往广元的航班。

　　公路交通方面，从西安、巴中、南充、广安和成都到广元都相当方便，还有往返于上海、广州等城市的长途汽车。

2. 各市县间的交通 + 看点

　　广元有两个汽车站：一个是广元市客运站（南河）；一个是广元市汽车客运站。广元市客运站（南河）以短途为主，广元市汽车客运站以长途为主，向全国各地都有发车。各市县之间基本可以利用班车前往。到了当地，一定要在出发前确认好时间以及路况。

 从广元市客运站（南河），一周之中会有多个班次发往青川客运中心。

看点 在广元市可以参观广元红军文化园和昭化古城；青川县的看点则是著名的悬马关战斗遗址。

从青川汽车站每天有5班前往剑阁的班车。从剑阁到旺苍，一般需要回到广元转车，剑阁普安汽车站每天6:30~17:30有多班车前往广元，剑门关汽车站6:30~18:30有流水班车发往广元；广元汽车站6:00~19:00每20分钟一班前往旺苍，可根据自己的行程安排在当地选择合适的班次。

看点 剑阁县有国家级风景名胜区剑门关景区，红军攻克剑门关战斗遗址就在那里。旺苍是川陕苏区的重地，有中国红军城、木门会议会址等红色旅游景点。

从旺苍客运中心每天有多趟班车前往苍溪。所需时间约2小时。

看点 这里的苍溪红军渡是红四方面军长征出发地之一。

从苍溪汽车客运站每天有多趟班车前往阆中，所需时间约1小时。

看点 红军曾在阆中活动长达3年之久，阆中红军纪念园、中国工农红军红四方面军总政治部旧址、中共阆南县委旧址都是可以一窥红军当年风貌的红色景点。

阆中到梓潼没有直达班车，可以到绵阳转车，阆中市客运中心每天有4班车前往绵阳，需3.5~4小时（需注意到达站不同）；从绵阳前往梓潼的班次很多，约需1小时，很方便。

看点 这里的中国"两弹城"景区向世人展示了让中国人挺起脊梁的那段难忘的历史。

从梓潼客运中心站每天16:30前有发往江油的流水班车，所需时间约1.5小时。从江油汽车客运站每天有多趟班车前往老北川。

看点 江油市有红军文物陈列馆、青林口红军桥、王右木故居及纪念馆。北川的"5·12"汶川特大地震纪念馆真实记录了"5·12"汶川特大地震灾难、抗震救灾以及灾后重建的历程；红军碑林馆集中了遍布全县各地的红军石刻标语、红军文物，把人们带回到了那段激情燃烧的革命岁月。

从北川前往汶川可在茂县转车，北川县客运站每天有多趟班车前往茂县，所需时间约3小时。从茂县每天有多班车发往汶川。

看点 汶川有马岭山红军阻击战场遗址、绵虒红军烈士纪念馆、水磨古镇、映秀镇"5·12"汶川大地震震中纪念馆。

广元 红军文化园

INFORMATION

地址： 广元市南山森林公园
电话： 0839-3562718
开放时间： 9:00~18:00
门票： 免费

位于四川省广元市城区南山森林公园内，占地面积约0.1平方公里，展示了红四方面军1933~1935年在广元地区开展革命武装斗争的光辉历程，是集保护文物、爱国主义教育、休闲娱乐为一体的开放式的人文景观，也是四川省爱国主义教育基地和国防教育基地。

园内有红军石刻标语和其他红军文物，如武器、服装、生活用品，使人文景观融入自然环境之中。

昭化 古城

INFORMATION

地址： 广元市昭化区昭化镇
电话： 0839-8310480
开放时间： 8:30~17:30
门票： 旺季（每年3月1日至11月14日止）58元/张；淡季（每年11月15日至次年2月28日止，春节除外）40元/张

昭化至今已有4000多年的历史和2244年连续建县史，是迄今为止国内保存最为完好的唯一一座三国古城，为国家级历史文化名镇。

1935年3月，红四方面军为策应中央红军渡江北上，相继占领剑阁、昭化、青川、平武、梓潼、江油、新明、北川等县，向川北少数民族地区推进。至今昭化古城的巷子旧居上，仍有红军的标语遗存。

古城现存的4条大街、5条小巷均用当地青砂石板，按三横两纵、中间高两侧低的瓦背风格随坡就势而铺成，且街巷之间"丁"字相连，具有"道路交错相通，城门不相对"的军事防御特色。古街两侧保留着完整的明清建筑，具有浓郁的川北风情，民居多为穿斗木结构、小青瓦。

● 昭化古城临清门全景

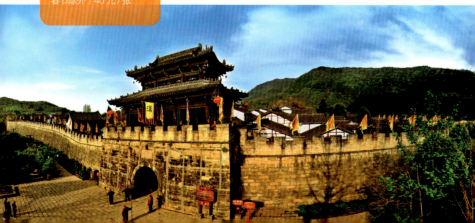

● 青川县城

INFORMATION

地址： 广元市青川与甘肃文县交界的文县碧口镇李子坝村的北部边缘

青川 悬马关战斗遗址

地处青川与甘肃文县交界的文县碧口镇李子坝村的北部边缘。地势险要，道路崎岖。

为了把革命根据地扩大到甘南，使川、陕、甘连成一片，红四方面军第三十军九十师二六八、二六九团和红三十一军九十一师二七一团于 1935 年 4 月 21 日，与胡宗南率领的国民党军在悬马关附近的大刀岭展开激烈的战斗。在这次战斗中，许多红军战士献出了宝贵的生命，令敌人死伤惨重。

红军 攻克剑门关战斗遗址

剑门山的地势北高南低，七十二峰像七十二头雄狮面北而卧，日夜警惕地守护着蜀国大门。高耸入云的峭壁，是不可逾越的天然屏障，只有悬在几丈深的绝壁中的一个隘口可以通行，真可谓"一夫当关，万夫莫开"。

1935年4月2日，红四方面军强渡嘉陵江后，在徐向前、王树声的指挥下，兵分3路，径直向剑门关挺进，经过血战，自古历经上百次战斗未曾有失的剑门雄关被英勇的红军一举攻克。这次战役巩固了红军在嘉陵江沿岸的阵地，扫除了红军西进北上的一大障碍。

2009年，在剑门关遗址的基础上建成了红军攻克剑门关纪念馆，全方面反映了红军在剑阁县境内战斗的历史。同年，徐向前、王树声雕塑落成，红军攻克剑门关纪念碑也完成。

INFORMATION

地址：广元市剑阁县剑门关镇（剑门关景区内），距离剑阁县城15公里
电话：0839-6750978
开放时间：9:00~18:00
门票：免费，剑门关景区115元/人

● 剑门关

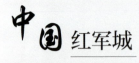

中国 红军城

　　中国红军城拥有"三个之最"——红军遗址点保存最多、红军遗址最为集中、红军遗址群保存最完整。

　　1933年6月15日，中共川陕省广元县委、县苏维埃政府先后在旺苍坝成立。苏维埃政府等党政机关以及红军主要将领迁驻旺苍坝，并在此部署指挥了广昭、陕南和强渡嘉陵江三大战役。当时仅有10万人口的旺苍县，就有1.2万人参加红军。旺苍也成为名副其实的"中国红军城"，留下了许多弥足珍贵的红色文化遗迹。

　　红军城内分布着西北革命军事委员会旧址、红四军总指挥部旧址等40多处红军遗址遗迹。

INFORMATION

地址: 广元市旺苍县东河镇
电话: 0839-4212218
开放时间: 全天
门票: 免费

● 中国红军城

木门 会议会址

INFORMATION

地址： 广元市旺苍县木门镇柳树村
电话： 0839-4750025
开放时间： 8:00~18:00
门票： 免费

1933年6月底，为了加强红军和根据地建设，川陕革命根据地党政军主要领导人张国焘、陈昌浩、徐向前、王树声等100余人在木门寺召开了著名的木门军事会议，史称"木门军事会议"。

会上总结了红四方面军在川陕苏区反"三路围攻"的作战经验，做出了扩编红军、停止"肃反"等重要决定。该会议在红军史上意义重大，影响深远。

● 木门会议会址

苍溪 红军渡

INFORMATION

地址： 广元市苍溪县陵江镇红军村，距苍溪县城3公里
电话： 0839-5281001
开放时间： 8:30~18:00
门票： 免费

● 苍溪县城红军渡

苍溪红军渡原名塔山湾渡口，是红四方面军长征出发地之一、强渡嘉陵江战役遗址。

塔子山山高林密，塔山湾渡口滩头平坦、开阔，水流缓慢，敌军兵力较弱，是理想的强渡地点。1935年3月28日晚到3月29日中午，红四方面军"急袭渡江"，迅速向敌阵地两翼席卷，势如破竹。至此，国民党军阀惨淡经营3个多月的600里江防，一夜之间灰飞烟灭。

中华人民共和国成立后，为缅怀红军将士的英雄业绩，塔山湾渡口更名为"红军渡"。景区现包括红军渡标志铜质塑像、红军渡口遗址等多处景点。

● 阆中红四方面军总政治部旧址

中国工农红军红四方面军总政治部旧址

INFORMATION

地址：南充阆中古城南街67号

电话：0817-6228967

开放时间：8:30~18:00

门票：6元/人

1935年3月28日晚，红军主力兵分3路强渡嘉陵江。红九军第二十五师、红三十军一部乘敌不备从阆中、苍溪交界处的涧溪口渡口成功渡江并于31日胜利攻克阆中县城。红四方面军总政治部、宣传部等机构进驻阆中县城，并在秦家大院设立红四方面军总政治部。

秦家大院为串珠式三进院落，具有典型的川北民居风格。现旧址内有红色文化陈列室，通过图片和大量的红军文物展示了红军在阆中的历史。

阆中 红军纪念园

　　红军在阆中活动长达 3 年之久，境内的山山水水遍布红军的足迹。1935 年 4 月红四方面军开始长征时，阆中是主要的出发地之一。

　　为纪念红军在阆中的战斗岁月，1991 年组织修建红军纪念馆。张爱萍题写了"阆中红军纪念馆"馆名。2009 年进行了扩建，设有展馆区、功勋墙、英烈纪念碑、石刻标语林、红军广场、红军在阆中浮雕墙、红四方面军长征纪念墙，同时运用多媒体场景、雕塑等手段，用图片、实物、文献资料全面展示了 1933~1935 年红军在阆中发生的重大战役战斗、建立和巩固政权、发展生产和文卫事业等方面的历史。

INFORMATION

地址： 南充阆中市张宪街 142 号
电话： 0817-6330611
开放时间： 8:30-20:00
门票： 免费

● 阆中红军纪念园

中共 阆南县委旧址

INFORMATION

地址：南充阆中市水观镇

位于阆中市水观镇水观场东半公里的山坡上，当地人称作胡家院子。1933 年 9 月 4 日，中国工农红军第四方面军解放了阆中水观场，9 月 6 日由红九军八十一团配合中共阆南地区地下组织，在这里建立了中共川陕省阆南县委。县委旧址的两道大门石券拱及台基上有当年所刻的红军标语"拥护共产青年团""拥护中华苏维埃中央政府""拥护中国共产党"，是阆中市保存较为完整的一处革命纪念建筑旧址。

中国 "两弹城"景区

1965 年 8 月，中国工程物理研究院（九院）内迁梓潼县。享誉国内外的著名科学家王淦昌、周光召、邓稼先等，先后来到这里工作。原子弹和氢弹的设计方案都是在这里完成。1993 年，中国工程物理研究院搬迁至绵阳科学城后，此处停止使用，首先着手建立了绵阳市"两弹一星"国防科技教育基地，现被开发为"两弹城"景区。

这里保留了大量 20 世纪 60~70 年代的建筑，其中最著名的是两弹元勋邓稼先的旧居、"小白宫"、将军楼等，7 幢苏式院士别墅至今保存完好，具有历史价值和特色的遗址和文物承载着让中国人挺起脊梁的那段难忘的历史。到这里旅游不仅是观赏自然美景、标志性建筑，更是一次灵魂的洗礼。

INFORMATION

地址：绵阳市梓潼县圣迪乐村两弹城
电话：0816-8321178
开放时间：全天
门票：免费

● 绵阳市"两弹一星邓稼先旧居"国防科技教育基地

● 江油红军文物陈列馆

江油 红军文物陈列馆

INFORMATION

地址： 绵阳江油市西山公园西侧山坡

电话： 0816-3599320

开放时间： 9:00~17:00

门票： 免费

　　江油是北上出川的重要通道之一，1935年4月10日，红军兼程急赶攻克中坝，包围江油城。江油一失，成都就直接受到威胁。刘湘急令邓锡侯率18个团的兵力，自绵阳出发来解江油之围。徐向前获悉敌情后，在敌人的必经之地——江油鲁家梁和南塔坡这两个制高点部署精兵，以"围城打援"策略大败敌军。在随后的两个月里，红军在江油遍撒革命火种，而接受了红色文化洗礼的江油人民也在人力和物力上为红军北上提供了最大支持。

　　陈列馆是为纪念中国共产党成立90周年而建，对红军在江油留下的革命文物进行了集中展示，对散布在境域内的大部分红军石刻标语进行了集中保护、陈列，反映了红军1935年在江油的活动情况。

● 青林口红军桥

青林口 红军桥

INFORMATION

地址： 绵阳江油市二耶庙镇青林口村
电话： 0816-3721168
开放时间： 全天
门票： 免费

　　"一鸡鸣三县，古镇青林口。"因处于梓潼、剑阁、江油三县交界，加上古蜀道穿街而过，青林口曾经成为川西北繁荣的集市。如今，古老的石板路两边林立的老房子，以及雕刻着精美图案的高大木结构建筑，使古镇风貌依然。

　　红军桥原名"合益桥"，始建于清乾隆年间。1935 年 4 月，红四军长征途经此地，在转移时，一位女红军干部因病不能随队转移，被安置躲避在当地百姓家休养，不幸被国民党"清共队"查出，女红军坚贞不屈，最后在合益桥上壮烈牺牲。

　　1966 年，江油县人民政府根据当地人民的要求，将合益桥改名为红军桥。

王右木 故居及纪念馆

成都市档案馆里有一件人气很高的藏品，那就是四川最早传播马列主义的报纸《人声报》的创刊号。这份报纸以深入浅出的形式点燃了巴蜀大地的红色火种，他的创办者正是四川最早传播马克思主义的宣传者和四川党、团组织最早的创建人和领导人之一的王右木。

王右木故居建于清代，是一座典型的穿斗式木结构民居建筑，现存堂屋、客厅、居室等。展厅陈列了 1952 年 7 月毛泽东亲笔为王右木烈士家属签发的"光荣纪念证书"及王右木的生平资料等。

王右木纪念馆系仿古建筑，馆内有纪念堂、陈列室、重檐六角亭、水竹居、桂花园等。为加强管理和保护，2006 年将故居和纪念馆联合起来建立了王右木纪念园。

● 王右木塑像

INFORMATION

地址： 王右木故居：绵阳市江油市武都镇解放西街 22 号
王右木纪念馆：绵阳江油市武都镇团山路
电话： 0816-3873007，0816-3870102
开放时间： 9:00~17:00　　**门票：** 免费

红军 碑林馆

INFORMATION

地址： 绵阳市北川县禹里乡

1935 年 4 月，红四方面军长征进入北川，建立了县、区、乡、村多个级别的苏维埃政权，发动全县数万人踊跃支前参军，为红军筹粮运粮、架桥修路、救护伤员，为红军取得长征史上具有重要战略意义的"千佛山战役"胜利做出了重要贡献。1953 年 11 月，四川省革命老根据地建设委员会把北川确定为"革命老根据地"，2001 年 11 月，北川人民把遍布全县各地的红军石刻标语、红军文物收集在一起，兴建了北川"红军碑林"纪念馆。

"5·12" 汶川特大地震纪念景区

北川是"5·12"汶川特大地震中的重灾区。老城区因王家岩发生大面积山崩，有一半被掩埋，以县政府为中心的新城区大多数建筑化为废墟。纪念景区由北川老县城遗址和"5·12"汶川特大地震纪念馆两部分组成。

北川老县城遗址占地面积1.2平方公里，是全世界规模最大、破坏类型最典型、次生灾害最全面、原貌保留最完整的地震灾难遗址。遗址内有各种类型的倒塌建筑、变形的道路、灾难发生后的救援现场和重要事件发生地。

纪念馆位于毗邻北川老县城地震遗址的任家坪。主体建筑名为"裂缝"，寓意"将灾难时刻闪电般定格在大地之间，留给后人永恒的记忆"。整个建筑造型以大地景观的手法，通过地面切割与抬起，形成主要的建筑体量，并通过下沉广场和步道向外延伸，与平缓的草坡融为一体，局部翘起露出地面，象征新生和希望。展馆分为记录汶川特大地震灾难、抗震救灾以及灾后重建历程的主题陈展厅和让游客感同身受的地震科普体验馆。

INFORMATION

地址： 绵阳市北川羌族自治县曲山镇

电话： 0816-4893333

开放时间： 周二～周日9:00～16:30，周一闭馆（法定假日除外）

门票： 免费，凭有效证件领取参观券

红色贴士

北川地震遗址区2013年被批准为国家5A级景区。

● 北川县"5·12"汶川特大地震纪念馆

马岭山红军阻击战场遗址

● 马岭山红军阻击战场遗址

INFORMATION

地址： 阿坝州汶川县草坡乡足湾村整个村落范围
电话： 0837-6258001
开放时间： 全天
门票： 免费

1935年8月，在红四方面军南下失利后北撤途中，三十三军九十九师二九七团留下一个连约200人，在汶川县草坡乡境内展开了一场惨烈的阻击战。目前遗址内保存有乡、村苏维埃驻地、红军营指挥部、红军连指挥部等红军遗迹、遗物。

马岭山红军阻击战场遗址是阿坝地区战场规模较大，红军遗迹、遗物较多，且保存较为完好的一处红军战场遗址。

绵虒红军烈士纪念馆

● 绵虒红军烈士纪念馆

1938年8月10~11日，长征途中的中国工农红军39名战士在汶川县绵虒镇羌峰村簇头藏寨被国民党反动派杀害。为了缅怀先烈，汶川县于1977年修建了红军烈士纪念馆，作为汶川县爱国主义教育的重要基地之一，也是日渐热门的一个红色旅游的场所。

INFORMATION

地址： 阿坝州汶川县绵虒镇羌峰村
门票： 免费

汶川县 水磨古镇

　　作为阿坝州的南大门，水磨古镇建镇距今已有数百年的历史，古镇呈"U"形布局，主街禅寿老街全长 800 米，在"5·12"地震中受到严重损毁，在恢复重建中，用城市设计的新理念，结合灾区安置工程，保留了老街的历史风貌，重现了老街的历史和文化价值。

　　古镇的水磨为明晚期建造，距今有 400 余年历史，是古镇以传统农业为主导产业的历史缩影。春风阁东临寿溪湖，融合了川西与藏羌传统建筑之精华，湖光山色，尽收眼底。

　　水磨羌城极具特色，"黄泥粘壁土为墙，白石镶图木作柱，城寄田园分野色，寨依山水接春光"，正是其真实写照。其碉楼，是水磨古镇的标志性建筑。

　　2010 年，水磨古镇被全球人居环境论坛理事会和联合国人居署《全球最佳范例》杂志评为"全球灾后重建最佳范例"。

INFORMATION

地址： 阿坝州汶川县寿溪河畔
电话： 0837-6331181
开放时间： 全天
门票： 免费

● 汶川县水磨古镇春风阁

○ 阿坝州汶川县映秀镇"5·12"汶川特大地震震中纪念馆

"5·12" 汶川 特大地震震中纪念馆

　　2008 年 5 月 12 日 14 时 28 分 4 秒，汶川特大地震从映秀镇开始撕裂大地，伴随恐怖的巨响，岩石翻滚、房屋倒塌、树木横斜，昔日秀美繁华的映秀几乎被夷为平地。为了怀念在灾难中逝去的人们，弘扬中华民族英勇顽强的抗震精神，展示灾后重建的喜人成果，2012 年 5 月汶川特大地震震中纪念馆正式对外开放。

　　纪念馆分为序厅、缅怀厅、灾害厅、重建厅、启示厅五个部分，大量运用了声、光、电结合的新理念，并采用新材料、新技术、新工艺进行建造。

　　除五厅之外，360° 地震体验台是馆内最大的亮点和特色，通过地震设备模拟，真实还原那场巨大的灾难场景，让人穿越到地震发生之前 10 秒到地震后近 4 分钟的时间里，亲自体验 2008 年 5 月 12 日汶川特大地震山崩地裂般的感觉。

INFORMATION

地址: 阿坝州汶川县映秀镇
电话: 0837-6448128，0837-6448130
开放时间: 夏季 8:00~16:30；冬季 9:00~16:30；周一闭馆
门票: 免费

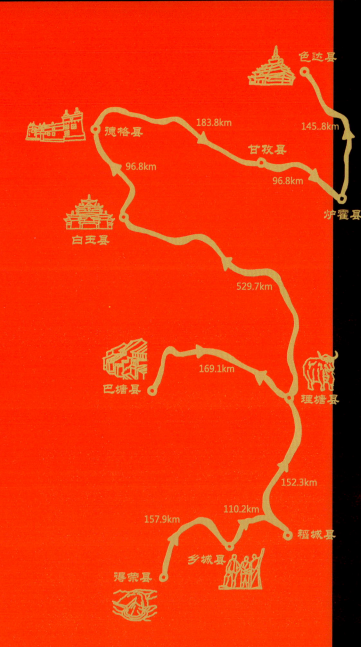

色达县

德格县

183.8km

145..8km

甘孜县

96.8km

96.8km

炉霍县

白玉县

529.7km

巴塘县

169.1km

理塘县

152.3km

157.9km

110.2km

稻城县

乡城县

得荣县

线路行程： 得荣县→乡城县→稻城县→理塘县→巴塘
县→白玉县→德格县→甘孜县→炉霍县→
色达县（均属甘孜州）

两军会师再北上，
康巴大地开新颜

线路7

广元
巴中
绵阳
德阳
达州
成都
遂宁 南充
资阳 广安
雅安
眉山
乐山 自贡
泸州
宜宾
西昌
攀枝花

线路 7 在四川省的位置

107

线路 **7** 旅游指南资讯 +

在 **线路7** 上，
你要经过哪些市（州）：

甘孜州

你不可不知的
红色知识点：

　　1936 年 7 月上旬，红二方面军与红四方面军共同北上。红二方面军从甘孜出发，克服重重困难，于 1936 年 10 月在甘肃静宁以北的将台堡与红一方面军胜利会师。至此，三大主力红军胜利会师，结束了具有历史意义的中国工农红军长征。会师以后，红军主力与国民党军在山城堡展开了最后的决定性一仗，最终打破了蒋介石对陕甘革命根据地的围攻，宣告了其"围剿"红军计划的彻底失败。

教你玩转线路 7：

1. 如何抵达出发城市——康定市

前往康定可以选择乘坐飞机、客车或者自驾等方式。康定机场是世界上海拔最高的机场之一，从成都到康定仅需 35 分钟。康定汽车站是康定唯一的长途客运站，从成都城北客运站、新南门车站、茶店子车站等车站，每天都有多个车次前往康定。此外，还可以选择自驾到达康定，一般都是从成都或者西昌进入康定。

2. 各市县间的交通 + 看点

这条线路的所有景点都位于甘孜州内，因为海拔较高，在一定程度上影响了当地的交通，推荐自驾出行，既可以参观红色景点，又可以领略甘孜州壮美的自然风光。到了当地，一定要在出发前确认好路况。

 从康定汽车站每天有班车前往得荣县，所需时间约 24 小时。如果从康定市区自驾前往得荣县，所需时间约 16.5 小时。

看点 得荣子庚红军桥所在的瓦卡镇（原子庚乡）是经典红色电影《金沙江畔》故事的取材地，还有鲜为人知的神秘幽谷太阳谷，景色不逊于香格里拉。

从得荣到乡城约 157.9 公里，所需时间约 5 小时。

看点 这里的乡城红军长征纪念馆，追忆了中国工农红军"突围西征、北上抗日"的伟大壮举。

 从乡城到稻城走 S216、S217，约需 3 小时。从稻城到理塘走 S216、S217，约需 2.5 小时。

看点 稻城亚丁被誉为"香格里拉之魂"和"最后的香格里拉""水蓝色星球上的最后一片净土"，是摄影爱好者的天堂。理塘著名的旅游景点是毛垭坝大草原，在群山环抱之中，如海一般的草原郁郁葱葱。

 从理塘到巴塘走沪聂线，约需 3 小时。巴塘县与白玉县相距 529.2 公里，约需 13 小时。

看点 巴塘有夏邛古镇，白玉县的白玉寺则是康藏地区三个最大的宁玛派寺庙之一。

 从白玉县到德格县走 X037、成那线，约需时间 2 小时。

看点 德格印经院。

 从德格县到甘孜县走成那线，约需 6 小时。

看点 甘孜县是当年红二方面军与红四方面军的重要会师地，现有红军甘孜会师旧址——普玉龙孜苏寺、博巴苏维埃旧址、朱德总司令和五世格达活佛纪念馆等红色景点。

 甘孜与炉霍相距 95.7 公里，约需 2 小时。炉霍与色达相距 152.7 公里，约需 4 小时。

看点 炉霍县有当时收留和安置红军伤病员最多的村子虾拉沱红军村和卡莎湖朱德驻地。色达县的看点是位于一座形似白色海螺的神山上的色达东嘎寺（朱德驻地）。

得荣 子庚红军桥

瓦卡镇（原子庚乡）是 1936 年贺龙、任弼时等率领红二方面军长征从云南进入西康藏族地区的第一站，经典红色电影《金沙江畔》的故事就取材于这里。瓦卡镇境内至今保存有红军桥、贺龙桥两处四川省重点文物保护单位，成为缅怀革命先烈的爱国主义教育基地。时至今日，在木猎村、八子斯热村等瓦卡镇各村依然流传着红军战士和贺龙元帅长征途中的故事。

● 得荣金沙江峡谷

INFORMATION

地址：甘孜州得荣县瓦卡镇

太阳谷

INFORMATION

地址：甘孜州得荣县

太阳谷位于四川得荣县境内，目前还是一个鲜为人知的神秘幽谷，但是前去探幽的人已越来越多。和香格里拉其他峡谷一样，风景美得让人沉醉。

与西藏相同海拔的地方相比，这里高原反应不明显，因为太阳谷植被丰富，空气潮湿，含氧量高。

进入太阳谷风景区，可入住新安屯草甸大本营。童话般的森林木屋，圆木当墙的木房子简单、保暖，松木的脂香催人入眠，常让人夜半醒来不知身在何处。尽管没有淋浴设施，但跳到汩汩溪流中扑腾更爽。有烧开水和供热水的食堂，提供羽绒睡袋。

乡城 红军长征纪念馆

INFORMATION

地址： 甘孜州乡城县桑披街

　　乡城县位于川滇藏三省区接合部。1936 年 5 月 14 日，萧克、王震率领红六军团长征到达乡城县。乡城红军纪念馆建设面积 1000 余平方米，纪念馆以文物展品、历史图片和场景介绍等形式追忆中国工农红军"突围西征、北上抗日"的伟大壮举，再现了萧克、王震将军率领的红六军团途经乡城与各族群众结下的深情厚谊。

稻城亚丁

　　主要由"仙乃日、央迈勇、夏诺多吉"三座神山和周围的河流、湖泊和高山草甸组成，景区内不可错过的拍摄景点有冲古寺、洛绒牛场等景点。1936 年 5 月，红六军团由中甸出发抵达稻城，当时稻城还是一个贫穷的小城，如今这里被誉为"香格里拉之魂"和"最后的香格里拉"，被国际友人誉为"水蓝色星球上的最后一片净土"，是摄影爱好者的天堂。

● 稻城亚丁仙乃日神山

INFORMATION

地址： 甘孜州稻城县香格里拉镇亚丁村境内
电话： 0836-5728888
开放时间： 旺季 6:30~17:30、淡季 9:00~16:00
门票： 150 元 + 观光车 120 元

毛亚坝 大草原

INFORMATION

地址: 甘孜州理塘县县城以西
门票: 免费

● 毛亚坝大草原

　　位于县城以西,在群山环抱之中,如海的草原郁郁葱葱。夏日,湛蓝的晴空下,牛羊成群,绿草连天,盛开的鲜花姹紫嫣红,打一个滚儿就是一身花香;秋天,晴空高远,云朵洁白,草木金黄;冬日则是白雪皑皑,原驰蜡象。季节的变化赋予大草原无边的神韵与风姿。

夏邛古镇

INFORMATION

地址: 甘孜州巴塘县

　　夏邛古镇位于四川省甘孜州巴塘县中部,是全县政治、经济、文化中心。镇政府驻地孔打伙村,海拔2580米,距康定483公里,距成都850公里。

● 巴塘夏邛古镇

白玉寺

INFORMATION

地址： 甘孜州白玉县城北坡
开放时间： 全天开放
门票： 免费

白玉寺是康藏地区三个最大的宁玛派寺庙之一，为德格土司供养的五大家庙之一。

该寺建于清康熙十四年（1675年），由根绒协绕大师创建，已经历十几代活佛主持。每年藏历5月1~14日，即莲花生从印度到达西藏日，寺里都要举行盛大的祭祀活动。

在寺院金顶上可俯瞰整个白玉县城和进出白玉的两个峡谷，很壮观。

 白玉寺

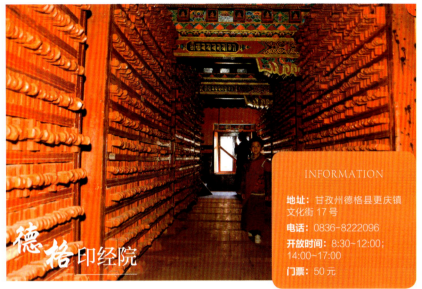

德格印经院

INFORMATION

地址: 甘孜州德格县更庆镇文化街 17 号
电话: 0836-8222096
开放时间: 8:30~12:00；14:00~17:00
门票: 50 元

藏传佛教印经中心之一，原是著名的德格土司官寨所在地。1729 年，第十二代德格土司却吉·登巴泽仁为发展佛教，在其家庙贡钦寺内另建佛殿，刻版印经。印经院大量刻印了各派学者的著作，涉及佛教哲学、历史传记、地理方志、医药、历算、语文、诗词等多方面的内容，既不囿于一家之言，又不拘泥于宗教经纶。此外，印经院还藏有不少其他珍贵的书版。

INFORMATION

地址: 甘孜州甘孜县拖坝乡八村
电话: 0836-7521950
开放时间: 8:00~17:00
门票: 免费

红军"甘孜会师"旧址普玉龙孜苏寺

1936 年 3 月底，为迎接二、六军团北上，红三十军作为红军先头部队向甘孜进发，同时派几支部队前往瞻化、理化、理塘、绒坝岔扫清障碍，接应二、六军团。6 月 3 日，红六军团在理塘甲洼与前来接应的红四方面军三十二师会师。30 日，红二军团到达绒坝岔，与红四方面军三十师会师。7 月 2 日，红四方面军与红二、六军团在普玉龙村孜苏寺附近宽阔的草甸上举行了长征史上著名的"甘孜会师大会"。

博巴 苏维埃旧址

　　中华苏维埃中央博巴自治政府，是当时为共产国际支部的中国共产党领导下的一个藏族自治政府，由博巴人民第一次代表大会于1936年5月5日在西康甘孜（今四川甘孜）建立，由长征途中的红四方面军协助当地藏族人成立，范围包括道孚、泰宁（今甘孜道孚县八美镇）、炉霍、甘孜、瞻化（今甘孜新龙县）、雅江。多德任政府主席，其他主要人员还包括夏格刀登、邦达多吉、恭布泽仁、扎喜旺徐等。

朱德 总司令和五世格达活佛纪念馆

　　红军北上抗战经过藏区到达甘孜时，格达活佛积极发动和组织群众为红军筹备粮草，仅白利寺就支持红军青稞3万余斤、豌豆4000多斤。朱德总司令专程到白利寺看望格达活佛，彼此结下深厚的友谊。在红二、四方面军继续长征北上的前夜，朱总司令在红缎上为格达活佛写下"红军朋友，藏人领袖"的题词，并将自己的八角军帽赠送给格达活佛。

　　"朱德总司令和五世格达活佛纪念馆"就是为了纪念这段佳话而建。朱德总司令和五世格达活佛联谊塑像屹立于纪念馆中央。

INFORMATION

地址：甘孜州甘孜县甘孜镇河坝村旭日岭林地
电话：0836-7521749
开放时间：8:00~17:00
门票：免费

● 炉霍虾拉沱红军村

虾拉沱红军村

在甘孜州炉霍县城以东有一个叫虾拉沱的美丽小村庄，全村129 户，529 人。该村是当时收留和安置红军伤病员最多的村子，留下来的红军在这里安家落户，与藏族同胞组成家庭，这里 80%以上的居民是红军的后代，因此这里也被称为"红军村"。长期以来，虾拉沱村一直努力将藏汉文化及其他文化结合在一起，并形成了自己独特的文化特色，成为甘孜州乡村旅游的新亮点。

INFORMATION

地址：甘孜州炉霍县

● 炉霍卡莎湖

卡莎湖

卡莎湖是一个山凹低洼地带形成的淡水湖，位于马日贡山西南麓，四周群山环抱，湖景四季有别。夏秋时节，晴空万里，艳阳高照；冬春时节，湖面封冻，11~12 月冰层会发出雷鸣般声响，有如千军万马拼阵撕杀，形成卡莎湖区奇特的自然景观。卡莎湖还是省级湿地自然保护区，以湿地及黑颈鹤、中华秋沙鸭、雪豹等野生动物为主要保护对象。

INFORMATION

地址： 甘孜州炉霍县宗古乡
开放时间： 8:00~17:00
门票： 10元

色达 东嘎寺

东嘎寺由曲锡吾金创建于 1686 年，位于县城西郊约 6 公里处的一座形似白色海螺的神山上。殿堂内塑有释迦牟尼坐像一尊，一面宗教壁画塑绘，红柱上雕龙刻花，色彩艳丽夺目，气氛庄严肃穆，气势雄伟壮观。寺内现存有历史久远的贵重文物。

红军长征进入色达牧区以后，东嘎寺为红军官兵提供了大量住房、粮食、炊具、马匹，以帮助困境中的红军战士。为感谢寺院的帮助，红军向寺院赠送一面书有"蕃汉是一家"的锦旗，并留下了朱德总司令亲自盖上大印的粮食借条。

INFORMATION

地址：甘孜州色达县

● 色达东嘎寺

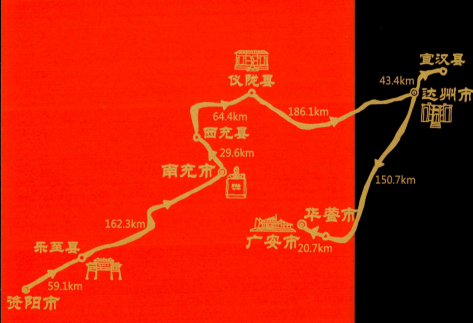

宣汉县

43.4km

达州市

仪陇县

64.4km   186.1km

西充县

29.6km

南充市

162.3km   华蓥市

150.7km

广安市

20.7km

乐至县

59.1km

资阳市

线路行程： 资阳市乐至县→南充市→南充市西充县→
南充市仪陇县→达州市→达州市宣汉县→
华蓥市（广安）→广安市

线路**8** / 追寻伟人足迹，
感受改革新貌

线路 8 在四川省的位置

线路 **8** 旅游指南资讯﹢

在 *线路8* 上，
你要经过哪些市（州）：

资阳市→南充市→达州市→广安市

你不可不知的
红色知识点：

　　以革命伟人、将帅的风采及其家乡的自然风光和当地的历史文化、民俗风情为主题，走进伟人故里，探寻伟人足迹，感受改革开放丰硕成果。走进华蓥山旅游区，探访红岩精神发源地，勇闯"双枪老太婆"大本营，缅怀革命先烈，重温昔日的烽火硝烟。

 教你玩转线路 8：

1. 如何抵达出发城市——资阳市

从成都每天有多趟动车前往资阳市，所需时间约 1 小时，非常方便。当然，从成都也可以乘坐火车前往南充市、达州市、广安市，所以也可根据自己的实际需要选择其他出发城市。

2. 各市县间的交通 + 看点

这条"追寻伟人足迹"的线路，汽车 + 火车的公共交通完全能够覆盖，可以在当地根据自己的旅行计划选择合适的班次。要注意一些过路车所走的线路可能会有所不同，所需时间也因此会有所不同，买票之前一定要询问清楚。

从资阳市每天有多班到乐至的班车，滚动发车。

看点 乐至的陈毅故里常常被作为"将帅故里历史游"的起点。

 乐至北门汽车站每天 9:30、13:30 有两班前往南充的班车，也可以先回到资阳，那里每天发往南充的班次很多。从南充市城北汽车站每天有班车前往西充客运中心，所需时间约 30 分钟。

看点 南充市的罗瑞卿故居、西充县的张澜故居。

 从西充到仪陇，从南充转车是较为方便的。西充客运中心每天几乎每隔 10 分钟就有一班发往南充的班车，南充汽车客运站每天 7:10~15:00 有多班车会途经仪陇。

看点 "仪陇有二德"，这里的参观重点自然是朱德故居纪念园和张思德纪念馆。

 从仪陇前往达州，可以先回到南充市，南充市马市铺车站每天 14:30 有前往达州的班次。

看点 达州市有张爱萍的故居。

 从达州市汽车西站每天有多趟班车前往宣汉，可根据自己的行程自由选择。

看点 王维舟纪念馆。

 每天 7:00 和 10:50 有途经宣汉前往华蓥的火车，约需 2.5~3 小时。从华蓥到广安，每天有多趟流水班车，非常方便。当然也可以从宣汉先前往广安，再去华蓥，经宣汉到广安的火车要更多一些。

看点 华蓥山是《红岩》的取材地之一，也是"双枪老太婆"的战场，在华蓥山游击队遗址可以了解到华蓥山游击队与敌周旋、英勇战斗的英雄故事；广安是一代伟人邓小平的故里，邓小平故里旅游区再现了他的卓著功勋、伟人风范和人格魅力。

124

● 陈毅故居

INFORMATION

地址: 资阳市乐至县劳动镇
电话: 028-23077799
开放时间: 9:00~18:00
门票: 免费

1923年，22岁的陈毅再次出川，前往北京中法大学学习，在那里他加入了中国共产党，也正式开启了为共产主义奋斗一生的光辉历程。革命战争时期，陈毅运筹帷幄、指挥若定，在敌后、华中、华北的战场上都立下了赫赫战功；中华人民共和国成立后，他主政上海、领衔外交，充分展示了开国元帅的雄才大略与高风亮节。

从成都出发的"将帅故里历史游"的第一站就是位于资阳乐至的陈毅故里。这里有陈毅故居、陈毅生平事迹陈列馆、陈毅纪念馆等40多个景点。

少年陈毅读书的故事

陈毅5岁那年，父亲送他去念书，老师所读的文章，他回家读几遍，就能琅琅背出，被同窗学友们称为"小神童"。

因为家境清贫，没有钱买当时价格昂贵的纸张，陈毅就让父亲买来便宜的草纸，蘸着米汤在草纸上写字，写完后拿出去晒干，第二天再写。如此循环往复，寒暑不息。

还有一次，陈毅边看书边吃饼，把墨汁当成了蘸饼的芝麻酱，妈妈见后心疼得拉他去漱口。陈毅却笑着说："没关系！吃点墨水好啊！我肚子里的墨水还太少了呢！"

罗瑞卿故居

南充罗瑞卿故居

INFORMATION

地址： 南充市顺庆区舞凤街道办事处双女石村三组
电话： 0817-2241833
开放时间： 9:00~18:00
门票： 20元/人

嘉陵江畔的双女石村，有一座光绪年间修建的三合院式穿斗结构青瓦房，罗瑞卿大将就诞生在这里，并在此生活了整整20年。

院坝正中屹立罗瑞卿半身铜像，故居内再现了当年的生活环境，配套修建的陈列室里布置了60多米长的展线，通过珍贵实物、文字史料和照片、绘画，再现了罗瑞卿的革命生涯和光辉业绩。

红色阅读
HONGSE YUEDU

顶天大将"罗长子"

罗瑞卿身高1.80米，在南方人中称得上是高个子。在一次干部会上，毛泽东对他说："川湘子弟身材大都不高，可你我都是长子。"从此罗瑞卿便得了"罗长子"的雅号。

中华人民共和国成立后，罗瑞卿作为首任公安部部长，20世纪50年代每次"五一"劳动节和"十一"国庆节的庆祝活动，都站在毛泽东身后，负责安全保卫。毛泽东常常风趣地说："罗长子在我身边，天塌下来，有他顶着。"

张澜 故居

很多人知道张澜，可能还是源于《开国大典》油画中那位白须冉冉的老人。这位民主主义革命家"老成谋国"的一生与中国近现代史紧密相连。

1911~1918年，张澜在四川主政8年，运用民主理念，改革旧官场陋习；大力兴办教育，使人民安居乐业，赢得了"川北圣人"的美誉。抗战时期，他积极投身于民族解放事业，特别是在皖南事变后，创建了中国民主政团同盟，力促国家团结抗战。后来与中国共产党亲密合作，促成了新政协会议的召开，真正实现了人民民主。

张澜故居是典型川北民居建筑风格，院坝正中立有先生全身铜像。

INFORMATION

地址：南充市西充县莲池镇观音堂村张观沟

电话：0817-4713291

开放时间：8:00~18:00

门票：免费

● 南充西充张澜故居

● 朱德元帅像

INFORMATION

地址： 南充市仪陇县马鞍镇
电话： 0817-7555022
开放时间：
夏季：8:30~17:30；
冬季：9:00~17:00
门票： 免费

朱德 故居纪念园

南充仪陇县有一座琳琅山，遍山苍松翠柏，浓荫蔽日，四季鸟语花香，自古就是人们度假的好去处。朱德故居纪念馆就位于琳琅山下的琳琅村，核心景区面积5.6平方公里，是以纪念朱德为主题的纪念园区。

景区内有朱德同志故居纪念馆、朱德故居、朱德诞生地、朱家祠堂、朱德父母故居、朱德父亲朱世林墓、朱德母亲钟太夫人之墓，以及四方田、双柏树、琳琅井、丁氏庄园等景点。

作为中华人民共和国十大元帅之首的朱德，1886年12月生于南充市仪陇县佃农家庭，9岁时迁居此处故居，住了整整14年，度过了他的青少年时代。这里正是其"从爱国名将到马克思主义者""从人民军队的缔造者到红军总司令""从八路军总司令到人民解放军总司令""从开国元勋到社会主义事业开拓者"的壮阔辉煌的革命生涯的起点。

● 朱德故居纪念馆

张思德纪念馆

仪陇县有"二德"，一是军人职位最高的朱德元帅，还有就是普通士兵张思德。在仪陇县可见遍布各处的"德"文化标识。

张思德纪念馆展厅面积1600平方米，通过文字资料、历史照片、实物和现代传媒技术等手段生动再现了张思德平凡而光荣的一生，充分反映了张思德为人民利益艰苦奋斗、无私奉献、不怕困难、勇于牺牲的精神风貌。

仪陇张思德像

INFORMATION

地址： 南充市仪陇县新政镇春晖路三段
电话： 0817-7228883
开放时间： 8:00~18:00
门票： 免费

红色阅读 HONGSE YUEDU

为人民利益而死，重于泰山

"人固有一死，或重于泰山，或轻于鸿毛，为人民利益而死，就比泰山还重……"毛泽东的著名演讲《为人民服务》就是在张思德的追悼大会上发表的，张思德这个名字也伴随"为人民服务"这一光辉口号传遍了中华大地。

张思德很有内秀，工作肯动脑筋，打仗也很勇敢，有"小老虎"之称。1940年，为解决中央机关冬季采暖问题，他带领一班人苦战深山老林烧木炭，最终把8万斤烧炭运到了延安。1943年初夏，张思德被调到毛主席身边当警卫战士。1944年9月5日，再次接受组织烧炭任务的张思德，因炭窑突然崩塌，不幸牺牲，时年29岁。

张爱萍 故居

革命战争时期，张爱萍能征善战，军政兼优，在"反围剿""反扫荡"中屡建奇功，还是人民海军的创建者之一。中华人民共和国成立后，他勇挑重担，长期担任国防科技和国防工业战线的领导工作，具体组织领导"两弹一星"大协作、大会战，为我国国防工业的现代化做出了突出贡献。

张爱萍故居展陈实物 80 余件，图片 400 余张，将军摄影、书法作品 60 余张（幅），真实展现了张爱萍将军的革命历程和光辉业绩。

INFORMATION

地址： 达州市通川区罗江镇
电话： 0818-3841100
开放时间： 9:00~16:00
门票： 免费

王维舟 纪念馆

王维舟是中国共产党党内唯一见过列宁的老布尔什维克。他创建了川东第一个共产主义小组和川东游击军，历任中国工农红军、八路军、中国人民解放军高级指挥员。毛泽东于 1943 年亲笔书赠其"忠心耿耿，为党为国"题辞。

纪念馆主馆为川东民居式建筑，展室内陈列图片资料 135 幅，各种革命实物 129 件。整馆与巴山红军公园内高大的"红三十三军纪念碑"和跃马疆场的"王维舟塑像"遥遥相望，融为一体。

INFORMATION

地址： 达州市宣汉县巴山红军公园
电话： 0818-6248533
开放时间： 8:30~16:00
门票： 免费

华蓥山 旅游区

一部《红岩》使川东华蓥山游击队蜚声中外。近年来，当地打造、开发出华蓥山游击队群雕、红色华蓥纪念墙、"双枪老太婆"雕塑、华蓥山游击队纪念馆、革命烈士纪念碑、游击队练兵场、瞭望台、游击战壕、游击步道等红色旅游景点，真实展现了当年华蓥山游击队与国民党反动军警和地方武装顽强斗争的史实。

INFORMATION

地址: 广安市华蓥市红岩乡
电话: 0826-4330188
开放时间: 8:00~18:00
门票: 107元/人

● 华蓥市华蓥山游击队遗址——华蓥山石林

邓小平 故里旅游区

INFORMATION

地址: 广安市广安区协兴镇牌坊村
电话: 0826-2413858
开放时间: 8:30~17:30
门票: 免费

1904年8月22日，邓小平诞生于广安市协兴镇牌坊村，并在此度过了15个春秋。1920年夏，他从这里出发赴法求学，寻求强国振兴之道，也由此开启了其作为"中国人民的儿子"为祖国艰苦探索、鞠躬尽瘁的革命生涯。革命战争时期，他纵横疆场，战功卓著；和平建设时期，他勇于创新，"改革开放""一国两制"等政策的提出开启了新的时代篇章。

● 邓小平故居

2001年，为了表达对邓小平同志的无限怀念之情，征得邓小平同志家人同意，四川省委、省政府批准设立了面积29.91平方公里的邓小平故里保护区，其核心区为占地830亩的邓小平纪念园，邓小平故居和纪念馆是其中的重中之重，再现了一代伟人邓小平的卓著功勋、伟人风范和人格魅力。

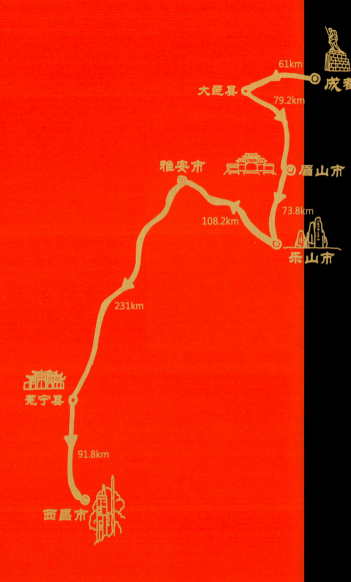

61km

大邑县

79.2km

成都

雅安市

眉山市

108.2km

73.8km

乐山市

231km

冕宁县

91.8km

西昌市

线 路 行 程: 成都市→成都市大邑县→眉山市→乐山市→
雅安市→凉山州冕宁县→凉山州西昌市

线路 9 在四川省的位置

线路 **9** 旅游指南资讯 +

在 **线路9** 上，
你要经过哪些市（州）：

成都市→眉山市→乐山市→雅安市→凉山州

你不可不知的
红色知识点：

　　抗战八年，川军以铁血精神在神州大地书写了不屈战魂。追根溯源，回到四川，在他们的故乡，我们能更深切地感受那种为国为民、英勇无畏的川军精神。又或者说，这并不仅仅是一种川军精神，更是一种川人精神——四川 20 多万民工在乐山至西昌近 500 多公里战线上、在抗日战争最艰苦的时间里用血肉筑成了乐西公路的壮美乐章。同时这条线路上还有汉源湖、冕宁灵山寺和西昌黄联土林等美丽自然景观。

 教你玩转线路 9：

1. 如何抵达出发城市——成都市

　　成都是西南地区最大的陆路和空中交通枢纽，铁路交通也相当发达，现有宝成、成昆、成达、成渝等重要的交通线路交会于此。国道有 108、212、213、317、318、319、321 线等通往西南、西北各省；高速公路则有成渝、成乐、成雅等线，通往各个主要城市。双流国家机场年客流量居全国第六位，是西部地区重要的航空枢纽，现有国内、国际航线 60 余条。

2. 各市县间的交通 + 看点

　　从成都的东站汽车站、华阳客运中心、茶店子车站等每天都有班车前往大邑客运站。当然，从成都还有前往眉山、乐山、雅安、凉山、西昌等地的车，各市县之间的交通也十分方便，可根据自己的行程安排进行选择。

从成都东站汽车站、华阳客运中心等车站每天有多个班次前往大邑，所需时间 1.5 小时。

看点 成都市内的红色景点是人民公园—川军抗战纪念碑。大邑则有收藏内容最丰富的民间博物馆建川博物馆，其中尤以抗战系列最为著名，建有"红军长征在四川馆"。

从大邑到眉山可以通过新津转车，从大邑客运站每天有多趟班车前往新津，所需时间约 1 小时，特别方便。新津客运站每天有多趟车前往眉山，约需 1 小时。

看点 东坡区烈士陵园。

每天有多趟班车从眉山汽车站前往乐山客运中心站，所需时间约 1 小时。当然也可以乘坐动车从眉山前往乐山，每天有多趟，所需时间约 22 分钟。

看点 可以在被誉为"中国十大最美峡谷之一"的大渡河金口大峡谷感受大自然的鬼斧神工，在乐西公路蓑衣岭遥想当年中国劳工以血肉之躯铸就修路奇迹的峥嵘岁月。

从乐山汽车客运中心站每天有多趟班车前往雅安，所需时间约 1 小时 50 分钟。

看点 雅安的汉源湖。

从雅安到冕宁没有直达车，可以选择从石棉转车。自驾或搭车的话，走京昆高速，约需 3.5 小时。从冕宁汽车客运站有班车前往西昌，约需 1.5 小时。

看点 在冕宁可以畅游灵山寺。西昌则有原汁原味、古朴壮丽的黄联土林和在中国航天史上写下了光辉篇章的西昌卫星发射中心。

● 川军抗日阵亡将士纪念碑

人民公园 ——川军抗日阵亡将士纪念碑

INFORMATION

地址： 成都市青羊区少城路 12 号

电话： 028-86132021，028-86158033，
028-87657593

开放时间： 夏天 6:00~22:00；
冬天 6:30~22:00

门票： 免费开放。公园里面的儿童游乐设施
需要另付费

　　成都市人民公园原名"少城公园"，始建于 1911 年。由于公园位于当时的"少城"，所以市民约定俗成称之为"少城公园"。1949 年 12 月 10 日，成都解放，少城公园获得新生，次年更名为"人民公园"。

　　人民公园东门前有座川军抗日战士雕像，即"川军抗日阵亡将士纪念碑"，又称"无名英雄纪念碑"，修建于 1944 年，是为了纪念在抗日战争中阵亡的川军而修建的。纪念碑上，一位川军士兵，穿着短裤、绑着绑腿，背着斗笠大刀、手握步枪，胸前悬挂两颗手榴弹，注视前方，就像即将冲锋的战士。此前，这座雕像位于成都万年场，后因城市建设移到人民公园。

建川 博物馆

● 成都大邑建川博物馆

建川博物馆是由民营企业家樊建川创建的，尤以抗战系列最为著名，建有"红军长征在四川馆"。红军长征是中国革命从挫折走向成功的伟大转折点，红军长征被誉为"地球上的红飘带"。博物馆位于"中国博物馆小镇"——大邑县安仁镇，以"为了和平，收藏战争；为了未来，收藏教训；为了安宁，收藏灾难；为了传承，收藏民俗"为主题，是目前国内民间资本投入最多、建设规模和展览面积最大、收藏内容最丰富的民间博物馆。

INFORMATION

地址： 成都市大邑县迎宾路二段 550

电话： 028-88315018，028-88318000

开放时间： 9:00~17:30

门票： 通票 100 元 / 人，单馆 20 元 / 人

● 成都建川博物馆

● 东坡区烈士陵园

东坡区烈士陵园

　　东坡区烈士陵园位于眉山市东坡区象耳镇农林村 4 组。附近有著名的旅游景区象耳山。

　　东坡区烈士陵园始建于 1957 年，占地约 28 亩，2011 年进行了全面扩建。陵园主体建筑由纪念碑广场、人民英雄纪念碑、革命烈士陈列室、纪念长廊、烈士墓区组成。高 19.49 米的人民英雄纪念碑，寓意 1949 年的全国解放。烈士墓区面积约 720 平方米，安葬有中央军委授予"勇于献身的共产主义战士"荣誉称号的杨建章，成都军区授予"舍己救人的好干部"荣誉称号的袁北海，云南省委、省政府授予"缉毒英雄"荣誉称号的白建刚，参加党的地下工作牺牲的何全学等烈士 77 名。

INFORMATION

地址： 眉山市东坡区象耳镇农林村 4 组
电话： 028-38535619
开放时间： 8:00~18:00
门票： 免费

● 乐山大渡河金口大峡谷

大渡河 金口大峡谷

INFORMATION

地址: 乐山市金口河区永
和镇
电话: 0833-2716009
开放时间: 9:00~17:00
门票: 免费

　　大渡河金口大峡谷是四川省境内最长、最险、最窄、最深、最壮美、最神秘莫测的大峡谷,是四川大渡河峡谷国家地质公园的组成部分,为中国十大最美峡谷之一。

　　大峡谷全长 26 公里,谷宽不足 200 米,峡谷的最大谷深约 2600 米,有着极其丰富的人文、自然、地质科考旅游资源,被誉为"地质天书"和"动植物公园"。

　　大峡谷绝壁之上是由寒武系至二叠系碳酸盐岩夹碎屑岩组成的重重叠叠的山岳,孤峰奇石层出不穷,形如飞禽走兽,千姿百态。山间分布着不同层次的植物,林中奔跑着各类野生动物。主要景观有大峡谷坐佛、白熊沟"一线天"、关村坝洞中火车站和铁道兵博物馆。

　　大渡河金口大峡谷有罕见的立体通道可供进入:沿河有金乌公路和成昆铁路并行,山上有抗日战争时修建的乐西公路盘旋于惊险万状的山岳之中。

乐西公路蓑衣岭

金口河到乌斯河间的蓑衣岭，在民国时期是四川省和西康省的分界岭，也是乐西公路全段最危险和艰苦的地段。终年云雾弥漫，雨水滴零，行人翻越必备蓑衣、斗笠等雨具，故名蓑衣岭。

1939年，为连通战时陪都重庆与国际通道滇缅公路，也为了重庆一旦失守政府能顺利迁都西昌，蒋介石政府急令修建乐西公路。

蓑衣岭海拔2800多米，是整条乐西路伤亡人数最多的路段。当年主持施工的、有"中国公路之父"之称的赵祖康，在完工通车时亲笔书写"褴褛开疆"并立石碑于蓑衣岭上，以纪念这段工程的艰辛和中国劳工以血肉之躯修筑了乐西公路的奇迹。

现今蓑衣岭变成了乐山市金口河区与雅安市汉源县的界山，一年四季景色不同。在海拔2742米的蓑衣岭垭口，现有5块石碑并排列于公路边，默默诉说着那一段峥嵘岁月。

INFORMATION

地址：乐山市金口河区与雅安市汉源县交界处
开放时间：全天
门票：免费

汉源湖

汉源湖地处大渡河中游中山峡谷地区，瀑布沟水库蓄水后形成了84平方公里的人工湖，其中汉源境内的66平方公里就被称为"汉源湖"。汉源湖湖区紧邻汉源县城，县城为汉源湖旅游提供强大支撑，县城本身也文化积淀深厚，有富林文化、麦坪文化为代表的遗址群，有保存完好的古建筑，非常符合"全域旅游"的概念，形成了独具特色的全域旅游景区。

INFORMATION

地址：雅安市南部
电话：0835-4298575
开放时间：全天
门票：免费

冕宁 灵山寺

寺院位于冕宁县县城 20 公里之外的东部小相岭西麓，因背后紧靠着的那坐高耸的大山叫灵山，所以叫"灵山寺"。

灵山寺始建于清乾隆年间，是冕宁县如今规模最大的宗教寺院。主体建筑大雄宝殿，宽敞宏大，前殿正中供奉释迦牟尼，两边是十八罗汉。这里的韦驮护法神像是坐着的，据说，天下的韦驮都是站立姿式，唯有灵山寺的是坐像，因为灵山寺本来清净，不劳烦韦驮虎视眈眈地站着护法。

INFORMATION

地址：凉山州冕宁县
电话：0834-6764083
开放时间：8:30~16:00
门票：58 元

● 冕宁灵山寺

● 西昌黄联土林

西昌 黄联土林

INFORMATION

地址: 凉山州西昌市南
30公里的黄联关镇
门票: 20元/人
开放时间: 全天

黄联土林就是"西昌市黄联关镇的土林",是发育在一套冰水冻融泥石流堆积体之上的地貌景观,造型恢宏又不失有趣。西昌号称"小春城",气候宜人,西昌边上的邛海更是度假良地。与此同时,到了西昌还不要忘记去的就是这个黄联土林,虽然鲜为人知,但这里原汁原味、古朴壮丽的土林绝对会让你不虚此行。土林风化损毁很快,所以想去看的要趁早了!

西昌 卫星发射中心

INFORMATION

地址: 凉山州冕宁县泽远乡
电话: 0834-3234100
开放时间: 有发射任务时关闭,其他时间开放
门票: 90元/人

西昌卫星发射中心发射场内矗立着两座巍峨挺拔的发射塔架,犹如两座丰碑,记录着西昌卫星发射中心在中国航天史上的丰功伟绩。一座是三号"功勋"塔,我国第一颗试验通信卫星、第一颗实用通信卫星、第一颗国际商务卫星、"嫦娥一号"探月卫星都是从这里启程飞向太空的;另一座是二号"鲁班"塔,曾成功发射了大推力捆绑式火箭、"北斗"导航卫星、"嫦娥二号"。

1975年,国家"331"通信卫星工程立项,中国航天向地球同步轨道远征的重任落在了西昌卫星发射中心。伴随着1984年6月8日成功发射我国第一颗地球同步轨道卫星,西昌卫星发射中心开始在中国航天史上写下多个骄人战绩,也成了国人心中的骄傲。

1988年,西昌卫星发射中心对外开放,至今已有数十万海内外游客来到这片神奇的峡谷,了解了火箭发射的精彩过程。

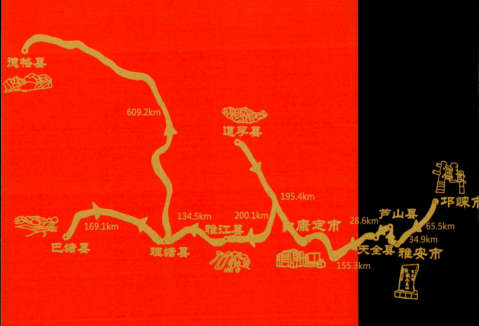

德格县

609.2km

道孚县

195.4km

134.5km　　200.1km　　　　　康定市　　　28.6km　芦山县

169.1km　　　　　　雅江县　　　　　　　　　　　　　　65.5km

巴塘县　　　　　理塘县　　　　　　　　　　天全县　34.9km　雅安市

　　　　　　　　　　　　　　　　　　　　　　155.3km

邛崃市

线 路 行 程： 邛崃市（成都）→雅安市→雅安市芦山县→
雅安市天全县→甘孜州康定市→甘孜州道孚
县→甘孜州雅江县→甘孜州理塘县→甘孜州
巴塘县→甘孜州德格县

线路 10 / 英雄川藏路，最美景观道

线路 10 在四川省的位置

线路 **10** 旅游指南资讯 ⁺

在 *线路* 10 上，
你要经过哪些市（州）：

邛崃市（成都）→雅安市→甘孜州

你不可不知的
红色知识点：

　　当年，红四方面军突破敌军封锁，英勇作战，陆续攻占了多座康北重镇，为日后的甘孜大会师打下了坚实的基础。如今，革命英雄们走过的艰辛长征路已成为川藏线上一条壮丽多彩的景观大道，巍峨的雪峰、青青的草原、澄澈的湖泊、神圣的寺庙、精美的藏族民居，共同构成了这条自然美景与人文历史交相辉映的神奇线路，诉说着这片土地上不朽的沧桑与无尽的魅力。

教你玩转线路 10：

1. 如何抵达出发城市——邛崃市

　　从成都城北客运站、新南门车站、东站汽车站、龙泉汽车总站等车站每天有多趟班车前往邛崃。要是自驾的话，从成都到邛崃所需时间约 2 小时，也非常方便。

2. 各市县间的交通 + 看点

　　这条英雄川藏路，也是一条最美景观道，这条线路集中了川西的多处绝美景观，让人惊叹的自然风光在眼前尽情铺陈，所以这条线路最佳的打开方式，当然是自驾！

　　这里我们也介绍了现有的公共交通，方便想短途旅行的读者，但是线路大部分位于公共交通不太便利的甘孜州。在自驾出行之前，请在当地确认好路况。

 从邛崃客运中心每天有多趟班车前往雅安，所需时间约 1.5 小时。自驾的话，邛崃距离雅安 65.5 公里，所需时间 53 分钟，途经邛名高速、成渝环线高速。

　看点 这里的景点有邛崃天台山、红军长征纪念馆、红军百丈关战役纪念馆、蒙顶山。

从雅安旅游汽车站有班车前往芦山，所需时间约 1 小时。自驾的话，雅安市到芦山县距离 34.9 公里，所需时间 45 分钟，走沪聂线、G351。芦山县距离天全县 28.6 公里，所需时间 45 分钟，途经天芦路、芦天路。

看点 芦山县的飞仙关有"第一咽喉""茶马古道第一关"的盛誉。天全喇叭河景区内群山相连、秀峰林立、飞瀑流泉。二郎山则是青衣江、大渡河的分水岭。

 天全县与康定市相距 155.2 公里，所需时间 3 小时 40 分钟，途经沪聂线。

看点 这里有闻名遐迩的康定城、有"康巴第一关"之称的折多山、世外桃源般的新都桥和有"小大昭寺"之称的塔公山。

 从康定汽车站每天都有班车前往道孚，所需时间约 4.5 小时。自驾的话，康定市与道孚相距 195.4 公里，所需时间 4 小时，途经沪聂线、S303。

看点 八美土林、惠远寺、龙灯草原、道孚民居。

 道孚县与雅江县相距 200.1 公里，车程约 4 小时，途经 S303、沪聂线。

看点 高尔寺山（贡嘎群峰）、天路十八弯。

 雅江与理塘相距 134.6 公里，车程约 3 小时，途经沪聂线。

看点 这里的姊妹湖双湖并依，也被称为"眼镜湖"。

 理塘县与巴塘县相距 169.3 公里，车程约 3 小时，途经沪聂线。

看点 "康巴第一圣湖"——措普沟。

 巴塘县与德格县相距 629.6 公里，车程约 14 小时，途经沪聂线、S217。

看点 这里的景点有玉龙拉措、雀儿山。玉龙拉措，藏语意为"一见倾心的圣湖"。而雀儿山是甘孜州的著名高山，当地有"爬上雀儿山，鞭子打着天"之说。

邛崃 天台山

INFORMATION

地址： 成都邛崃市天台镇
电话： 028-89235003
开放时间： 8:30~17:30
门票： 65 元 / 人

作为自然景观与人文历史紧密结合的天台山景区，以"山奇、石怪、水美、林幽"而著称。它距离成都市区 110 公里，为国内罕见的箱状向斜山地，整座山大致呈英文字母"n"字形，分为三级台地，每一级台地都展现了不同的魅力。这里不仅有茂密的原始森林、绵延起伏的山峦和神态各异的奇峰怪石，也有底蕴深厚的历史文化。108 座庙宇的遗迹与和尚衙门的传说，展示了天台山景区曾经的辉煌和历史的沧桑。

红军 长征纪念馆

INFORMATION

地址： 成都邛崃市高何镇高兴村三组
电话： 028-88731331
开放时间： 夏季：8:00~18:00；冬季：8:30~17:30
门票： 5 元 / 人

● 邛崃市红军长征纪念馆

纪念馆位于天台山脚下高何镇，占地 0.33 公顷，由陈列大厅、附属建筑和升旗广场组成。建筑为砖木混合仿古式样，白墙红瓦，掩映于苍松翠柏之中。红砂石砌大门，门墙上镌刻着由徐向前元帅题写的"红军长征纪念馆"7 个大字。一组题为"悲歌与壮举"的红砂石浮雕，表现了红军在邛崃艰苦的战斗历程。陈列大厅用 300 多幅照片、200 多件文物和大量文字、图表介绍了邛崃地下党、抗捐军、红四方面军以及川康边人民游击队的英勇业绩和前赴后继的革命精神。

红军百丈关
战役纪念馆

INFORMATION

地址: 雅安市名山区蒙顶山镇蒙顶山风景名胜区内

电话: 0835-3232089

开放时间: 9:00~18:00

门票: 免费

百丈关是雅安通往成都的必经之地。1935 年,张国焘率领红四方面军南下后,于 9 月提出"打到成都吃大米",直逼名山、邛崃。刘湘急调其主力集结于名山等地,连同其他军阀在名山重镇百丈关阻击红军。11 月 13~19 日,红四方面军经历了南下以来最惨烈的一次战斗。百丈关战斗失败的原因有多个方面,但其后续影响让它成为张国焘南下方针碰壁的主要标志。

纪念馆以实物、文字、图片的形式展示了红一、四方面军长征在雅安地区时的战斗情况,并用声、光、电同步的电子沙盘再现了红四方面军南下鏖战百丈关的战斗场面。

蒙顶山

INFORMATION

地址: 雅安市名山区蒙阳镇境内

电话: 0835-3232089

开放时间: 9:00~18:00

门票: 60 元 / 人

名山区蒙顶山海拔 1500 米,自古与峨眉山、青城山齐名,并称"蜀中三大历史文化名山"。这里是世界茶文化的发源地、茶马古道的起点,很多游客来此感受雅安的茶文化。同时,这里也是红军当年战斗过的地方。1935 年,红军长征途中在蒙顶山留下的革命文物大都得到了很好的保存,是四川重要的红色文化教育基地。传承红军长征精神,继承革命先烈的优良传统,当地村民对红色地标的保护、对红色文化的宣扬、对红色价值的挖掘,让红色文化与茶文化进行了有机结合。

● 雅安蒙顶山古甘露泉与茶艺

飞仙关

飞仙关旅游景区位于雅安市东北部，是雨城区、芦山县、天全县交会地，自古以来商贾云集，享有"川藏线第一咽喉""茶马古道第一关"等盛誉。经灾后重建，当地党委政府依托飞仙关电站蓄水形成的湖泊，挖掘当地历史人文古迹和传说，除了南、北两大场镇各具特色的仿古民居外，还重建了飞仙古牌坊、二郎古庙公园、飞仙湖环湖栈道、狮子山天梯和360°无障碍观景台，维修了飞仙关悬索桥等诸多名胜景点，将飞仙关建成4A级景区。

● 雅安飞仙关

INFORMATION

地址: 雅安市芦山县飞仙关镇G318（沪聂线）

电话: 0835-6523693

开放时间: 全天

门票: 免费

天全喇叭河

喇叭河旅游景区位于天全县境内，占地面积977平方公里。西连康定、泸定，北靠宝兴，距离成都200公里。景区的森林覆盖率达97%，有"天然氧吧"的美誉。景区内地质古老、地貌奇特，具有中亚热带常绿阔叶林特色生态环境，保持了良好的原始风貌，植物分布完整，动植物和谐古老。

● 天全喇叭河

INFORMATION

地址: 雅安市天全县紫石乡

电话: 0835-6298888

开放时间: 9:00~18:00

门票: 60元/人

二郎山

INFORMATION

地址：雅安市天全县
电话：0835-6293032
开放时间：全天
门票：免费

● 二郎山

二郎山是青衣江、大渡河的分水岭。森林覆盖率达 95% 以上，具有雄伟、险峻、神奇、韶秀、清幽的风貌。每年 5 月，大小杜鹃盛开，红、兰、紫、白交相辉映，此间不时飞来飞去的高原彩蝶使这里显得更加绚丽多彩。

古时成都通往二郎山的道路，后来被历史学家们考证为"南丝绸之路"的初始段。二郎山还因一曲雄浑激越的《歌唱二郎山》流传久远。山上有红军长征遗迹，如红军大学、红军总医院、红四方面军总部、大岗山战场等遗址。

康定城

INFORMATION

地址：甘孜州康定市
开放时间：全天
门票：免费

● 康定溜溜的城

"跑马溜溜的山上，一朵溜溜的云，端端溜溜的照在，康定溜溜的城。"这里，因一首《康定情歌》名扬中外。古城康定坐落在跑马山下，折多河奔腾穿城而过，与北来的雅拉河汇聚于郭达山下，呈现"三山环抱，二水夹流"的景观。康定周围温泉成群，高山湖泊众多，每到"四月八转山会"，跑马山上绿草坪里、青松林中搭满各色帐篷，人们穿着节日盛装，上山游览、朝山拜佛。山歌、弦子、锅庄舞交替，整个跑马山像一片沸腾的海洋，热闹非凡。

折多山

INFORMATION

地址：甘孜州康定市

● 折多山

在康定市境内，折多山的山垭口海拔高度 4298 米，与康定市的海拔落差达 1800 米，是川藏线（318 国道）上第一个需要翻越的高山垭口，因此有"康巴第一关"之称。折多山既是大渡河、雅砻江流域的分水岭，也是汉藏文化的分界线，翻过了折多山，就正式进入了康巴藏区。"折多"在藏语中是"弯曲"的意思。站在山顶环视贡嘎群峰，山峦叠嶂，白雪皑皑，景色壮丽。

新都桥

新都桥地处川藏南、北线的分岔路口，是一片如诗如画的世外桃源。湛蓝的碧空，无垠的草原，弯弯的小溪，金黄的柏杨，红、黑、白三色醒目的藏居，山峦连绵起伏，饱和的色块里点缀着藏寨的缕缕炊烟和安详吃草的牦牛与牧马，川西的平原风光在此美丽地绽放。这就是新都桥，令人神往的"光与影的世界""摄影家的天堂"。

INFORMATION

地址：甘孜州康定市新都桥镇

● 康定新都桥秋色

● 康定塔公·木雅金塔

INFORMATION

地址: 甘孜州康定市塔公乡

电话: 0350-3354908

开放时间: 8:00~18:00

门票: 20元

塔公寺，是藏传佛教萨迦派的著名寺庙之一，距今已有1000多年的历史，是康巴地区藏民族朝拜的圣地之一。寺内保存有一尊与拉萨大昭寺相同的释迦牟尼像，传说是文成公主入藏路经此地，模拟携往拉萨的释迦牟尼像又造了一尊留供寺中。因而塔公寺又有"小大昭寺"之称。这座寺庙结构奇特，古朴庄重，四周分别建有白、黄、红、绿四塔，塔内长明灯日夜不息。四方塔周围由100余座造型各异的塔形成的塔林环抱着寺庙，而寺内还珍藏着大量珍贵的佛教文物。

八美石林

八美石林（已更名为中国墨石公园景区）位于道孚县以南的八美镇，自然地理上属横断山系大雪山脉北端，分布面积约5平方公里。这片石林发育于雅砻江支流庆大河东侧的坡地，宏观上呈条带状分布。它们或蜿蜒于河谷，或穿越于草原，或翻越于山脊，与茫茫的草原界限分明，形成一道道壮美的石林奇观。远观八美石林，从色调上便能一眼分辨，石林是灰色调的，它的周围，山体、树林、草地、流水是多彩的。这些多变的色彩像是舞台变幻的布景，让八美石林在不同季节呈现出不一样的美。

● 道孚八美石林

INFORMATION

地址: 甘孜州道孚县215省道旁

电话: 0836-7155958

开放时间: 旺季8:00~18:00; 淡季9:00~17:00

门票: 60元

154

INFORMATION

地址: 甘孜州道孚县协德乡境内
电话: 0836-7255811
开放时间: 全天
门票: 免费

惠远寺

● 道孚惠远寺

　　惠远寺，藏名为"嘎达向巴林"，位于道孚县协德乡境内，海拔 3500 米，建寺于清雍正七年（1728 年）。后该寺经 3 次重建，新建庙宇为宫殿式金瓦顶楼，配以金幢宝瓶、法轮异兽、彩绘历代帝王及战将、各种唐卡画、活佛神像于檐檩之上；庭院宽敞，布局严谨；楼堂庭廊，和谐得体。殿宇建筑豪华，为康巴建筑艺术精品。该寺现收藏有各种贵重文物多件，寺庙每年为种种祭祀活动念经 245 天，各地的信徒都前来朝拜、诵经，热闹非凡。

龙灯草原

　　龙灯草原在道孚县龙灯乡境内，分布于川藏公路两侧，坦荡宽阔，形如吉祥八宝图，当年格萨尔王曾在龙灯大草原安营扎寨，因而这片草原藏语叫作"格萨尔通"，意为"格萨尔王征战过的草原"。龙灯草原上有一片叫作珠姆措（意为"翡翠海"）的海子，传说是格萨尔王的爱妃珠姆遗落的翡翠头饰化成，常能见到许多水鸟栖息在此。附近的草地上有一个长宽各 53 米、高近 1 米的规则土台，据说是当年格萨尔王的点将台，附近村落中还有"下马石"等与格萨尔王有关的遗迹。

● 道孚龙灯草原

INFORMATION

地址: 甘孜州道孚县

道孚 民居

INFORMATION

地址：甘孜州道孚县

　　甘孜州道孚县的藏族民居，因其强烈的工艺美与完备的实用性著称于世，堪称藏区一绝，其中的代表之一就是道孚县城鲜水镇东的大片民居。这种融民族风情、建筑、绘画、雕刻艺术于一体的道孚民居俗称"崩科"，其建筑学名为"井干式"。它有纯藏式和藏汉结合式两种，前者居多。不论哪种结构，都是白墙红（棕）壁花窗，"品"字滴水屋檐，室内精雕细镂，描金绘彩，陈设豪华。道孚民居昭示了藏族人民的生活智慧与令人骄傲的艺术创造力，被誉为"散落民间的仙境皇宫"。

● 道孚民居

高尔寺山（贡嘎群峰）

INFORMATION

地址：甘孜州雅江县

● 从高尔寺山看贡嘎群峰

　　高尔寺山位于新都桥与雅江县之间，垭口海拔4412米，是川藏南线上的景点之一。上山的公路不太好走，如果说折多山是康巴第一关的话，那么高尔寺山则是康巴第二关，而且它是远眺贡嘎神山和雅拉神山的最佳位置之一。如果天气好，尤其是在早晚时分，那延绵起伏的群山景色非常壮观，绝对令人震撼。此外，在高尔寺山上还有不止一处黑石城，因一座座冷峻而神秘的黑色石堆堆砌的嘛呢堆而得名。

● 雅江—理塘天路

天路十八弯

　　天路十八弯位于雅江开往理塘的路上，在国道318川藏南线上，翻越海拔4659米的剪子湾山，你就会经过这里。这一路段逶迤曲折，蜿蜒而上，从半山腰俯瞰，有一种震撼人心的曲线美。但道路并不难行，而且一路的风景美不胜收，让人流连忘返。怒放的高山杜鹃花，长在陡峭的山壁上。道路两旁是仙境般的青青高山草甸，其间还有星星点点悠闲吃草的牦牛。而后一路到理塘，都在海拔4000米以上行驶，让人尽享驾驶的乐趣。

INFORMATION

地址: 甘孜州雅江县

姊妹湖

在千里川藏线上，海子山姊妹湖是一处重要的地理坐标，海拔 4685 米，自古就是汉藏交通要道。这里双湖并依，因此也被称为"眼镜湖"，湖水碧蓝澄澈，景色安详宁静，美得令人窒息。海子山曾发生过三次不同规模的冰川运动，并最终形成现今的地貌格局，造就今日岁月遗珠般的唯美湖泊，如天堂宝石镶嵌在荒凉山原，亦如神之悲悯化作眼泪滴落凡间，纯净无瑕，盈盈可亲。

● 巴塘—理塘姊妹湖

措普沟

措普沟自然生态保护区位于巴塘县北部措拉区（茶洛乡）境内，方圆 900 平方公里。这里浓缩了川西藏区的各种美景，雪山、草原、森林、湖泊、寺庙，景观美不胜收。其中最主要的景点有扎金甲博神山（海拔 5032 米）、被誉为"康巴第一圣湖"的措普湖、措普寺（海拔 3800 米），以及丰富的野生动植物，还有四川省十大地质公园之一的地坑温泉群。

● 巴塘措普沟

玉龙拉措

● 德格玉龙拉措

INFORMATION

地址：甘孜州德格县马尼干戈乡

开放时间：全天

门票：20元/人

玉龙拉措，藏语意为"一见倾心的圣湖"。此外它还有一个名字，叫新路海。其海拔4040米，南北长约3公里，东西宽1公里，湖水平均深度10米，最深处15米，是甘孜藏区著名的冰蚀湖，有"西天瑶池"的美誉。这里及周围生态原始、完整，由高原云杉、冷杉、柏树、杜鹃树和草甸环绕。蓝天白云、雪峰皑皑、冰川闪烁、青山融融、绿草茵茵、波光粼粼。湖岸珍禽异兽出没，湖中野鸭成群，鱼儿游弋。夏秋季节，山花烂漫，争芳斗艳，真可谓世间仙境。

雀儿山

冰雪皑皑、巍峨雄伟的雀儿山是甘孜州著名高山，其最高峰海拔6168米，山势挺拔，耸峙于云海之上，攀登技术难度很大。其周围海拔5000米以上的雪峰有10座之多，是四川最高的公路垭口，川藏公路上的著名险关，故当地有"爬上雀儿山，鞭子打着天"之说。雀儿山多古冰川地貌，山麓则多重力堆积物。山体由花岗岩侵入体构成，经流水、冰川等作用后，石峰嶙峋，山脊呈锯齿状。山上有大小冰川30余条，分布面积达80平方公里，仅次于贡嘎山。

● 德格雀儿山

INFORMATION

地址：甘孜州德格县境内

绵阳市 ◎ 梓潼县
95.3km

173.4km

大邑县 ◎

589.6km

攀枝花市

线路行程： 绵阳市→绵阳市梓潼县→成都市大邑县→攀枝花市

线路 **11** 旅游指南资讯⁺

在**线路11**上，
你要经过哪些市（州）：

绵阳市→成都市→攀枝花市

你不可不知的

红色知识点：

1964 年到其后的 80 年代初期，我国集中人力、物力、财力，在西南、西北 11 个省（区）开展了一场以战备为指导思想的大规模的国防、科技、工业、交通基础基本建设，史称"三线建设"。四川正是"三线建设"的重要区域之一，经过这段时间的建设，四川经济实力大大增强，为后来的经济发展打下了重要基础。通过这条红色线路，我们可以领略到我国积极开展技术创新、经济发展、国力增强的那段峥嵘岁月。

教你玩转线路 11:

1. 如何抵达出发城市——绵阳市

　　绵阳是四川省的交通枢纽，基础设施建设良好，交通非常发达。绵阳南郊机场位于绵阳城南，北京、上海、广州、深圳、厦门、济南、福州、太原、长春、合肥、武汉、南昌、西安、昆明、青岛、杭州、郑州、济南等城市都有前往这里的航线。绵阳火车站位于宝成铁路线上，其行车线路辐射北京、上海、西安、太原、郑州、青岛、兰州、昆明、重庆、合肥等城市。公路方面，成绵高速、绵广高速等高等级公路将绵阳连接得四通八达、快速便捷。

2. 各市县间的交通 + 看点

　　这条展现四川三线建设时间风貌的线路区域跨度较大，不过城市之间的公共交通都很方便，大部分城市之间每天都有多趟班车往返，可根据自己的行程需要进行选择。

 从绵阳的平政汽车站、富乐汽车站每天有多趟班车前往梓潼县，所需时间约 1 小时。

看点 绵阳的跃进路是绵阳"三线"建设时期重要的历史性旧址。梓潼县的中国"两弹城"景区则展示了中国航天人攻坚克难、赶超世界的拼搏精神。

 从绵阳市汽车客运总站、平政汽车站每天有多班车前往成都，需 2~3 小时非常方便。需要注意到达车站不同，买票时要确认好。

看点 成都的中航工业航空三线博物馆全景式地介绍了三线建设时期航空事业的建设和发展。

 成都五块石车站有多班发往攀枝花的班车，需 8~9 小时。

看点 攀枝花是四川三线建设的重要地区，攀枝花三线建设博物馆、攀枝花开发建设纪念馆（十三幢）、大田会议纪念馆从不同角度展现了当年的风采。

跃进路

"一五"期间，国家重点建设的 156 个项目就落户这里，三线建设期间这里得到了大力发展。

跃进路老工业旧址核心保护范围面积 15.88 公顷，核心保护历史建筑十余处，主要包括虹苑剧场、长虹 121 办公大楼、100 号宿舍及跃进路沿街成片住宅楼等一批"一五"至"三线建设"时期建筑物。主要保护和开发项目有：绵阳市老工业基地 3D 数字博物馆建设、跃进路军工电子生产旧址保护。

INFORMATION

地址：绵阳市跃进路
电话：0816-2389403
开放时间：全天
门票：免费

● 绵阳跃进路 305 厂原址

中国"两弹城"景区

1965 年 8 月，中国工程物理研究院（九院）内迁梓潼县。享誉国内外的著名科学家王淦昌、周光召、邓稼先等，先后来到这里工作。原子弹和氢弹的设计方案都是在这里完成。1993 年中国工程物理研究院搬迁至绵阳科学城后，此处停止使用，首先着手建立了绵阳市"两弹一星"国防科技教育基地，现被开发为"两弹城"景区。

这里保留了大量 20 世纪 60~70 年代的建筑，其中最著名的是两弹元勋邓稼先的旧居、"小白宫"、将军楼等，7 幢苏式院士别墅至今保存完好，具有历史价值和特色的遗址和文物，承载着让中国人挺起脊梁的那段难忘的历史。到这里旅游不仅是观赏自然美景、标志性建筑，更是一次灵魂的洗礼。

INFORMATION

地址：绵阳市梓潼县圣迪乐村两弹城
电话：0816-8321178
开放时间：全天
门票：免费

● 绵阳市"两弹一星邓稼先旧居"国防科技教育基地

中航 工业航空三线博物馆

● 中航工业航空三线博物馆

INFORMATION

地址： 成都市大邑县安仁古镇迎宾路 80 号建川博物馆聚落内
电话： 028-88315018
（建川博物馆）
开放时间： 9:00~17:30
门票： 20 元 / 人（单馆票）

中航工业航空三线博物馆由中国航空工业集团规划建设公司建筑总师傅绍辉担当建筑设计，建筑面积约 2500 平方米。整个展览全景式地介绍在三线建设时期航空事业的建设和发展，展览分为：航空缘、航空情、航空志、航空魂四个部分。中航工业航空三线博物馆由建川博物馆与中国航空工业集团合作建设。

大田 会议纪念馆

INFORMATION

地址： 攀枝花市仁和区炳仁路
电话： 0812-3329595
开放时间： 9:00~17:00，15:30 停止领票，周一闭馆
门票： 免费

2010 年修缮开馆。1964 年 9 月 9 日，有关领导及专家共 180 余人在攀枝花市大田拉姑林业局机关办公楼召开现场联席会议，会议传达了周恩来总理关于钢铁基地继续选点和进一步规划的指示，确定了攀枝花工业区的规划，史称"大田会议"。在三线建设初期，钢铁基地选址意见分歧很大，"大田会议"向中央提出了攀枝花钢铁厂选址弄弄坪的建设方案，毛泽东同志毅然批示"攀枝花有煤有铁，钉子就钉在攀枝花！""大田会议纪念馆"被称为攀枝花开发建设第一址。

● 大田会议纪念馆

INFORMATION

地址: 攀枝花市大渡口街
电话: 0812-2230303
开放时间: 9:00~12:00,
13:30~17:00 (周一闭馆)
门票: 免费

攀枝花 开发建设纪念馆（十三幢）

● 攀枝花开发建设纪念馆（十三幢）

攀枝花开发建设纪念馆（十三幢）坐落于大渡口街北边的山坡上，始建于1965年，系原中共渡口市委招待所和后来的攀钢第一招待所。攀枝花开发建设初期，为让建设者进得来住得下，在大渡口北边山坡上修建起的一批"干打垒"房屋，俗称"万人招待所"。这批房屋共有16幢，依序唯有第13幢为一楼一底的青砖瓦房，为2层砖瓦结构，主要用于接待党和国家领导人，"十三幢"由此得名。邓小平等103位党和国家领导人及知名人士先后下榻于"十三幢"，在此审定了攀枝花开发建设总体方案，决策了若干重大问题。馆内保存了大量历史照片、资料、各种用品等。

攀枝花 中国三线建设博物馆

毛主席著名的"三·四"批示、邓小平视察攀枝花时曾用过的茶叶罐、三线建设者使用过的双鸽打字机、堪称中国第一大爆破朱家包包狮子山万吨大爆破场景……这些再现了三线建设的光辉岁月的珍贵文物就收藏在攀枝花三线建设博物馆中。

博物馆收集了各类三线建设文物1万余件（套），图片2万余张，口述历史视频120人、8000多分钟，以及其他三线建设时期视频资料3000多分钟。

INFORMATION

地址: 攀枝花市仁和区炳仁路
电话: 0812-3329595
开放时间: 9:00~17:00, 15:30
停止领票，周一闭馆
门票: 免费

责任编辑：王欣艳　王佳慧
图片编辑：龚威健
责任印制：冯冬青
装帧设计：中文天地

图书在版编目（CIP）数据

四川红色旅游线路指南 / 四川省旅游发展委员会编.
-- 北京: 中国旅游出版社, 2018. 9
ISBN 978-7-5032-5998-2

Ⅰ.①四… Ⅱ.①四… Ⅲ.①革命纪念地 – 旅游指南
– 四川 Ⅳ.①K928.971

中国版本图书馆CIP数据核字（2018）第056079号

书　　名：四川红色旅游线路指南

文字作者：蒋　蓝
图片作者：文　月　龚威健　胡小平　司京陵　康　宁　班　翔　吴晓君　毛　云
　　　　　冯　丽　于　宁　王　飞　杨焕明　肖光泉　石璧安　赵　辉　唐华祥
　　　　　胡润林　金　辉　刘期荣　黄　毅　刘国兴　王　雄　黄继舟　胡　斌
　　　　　胡小平　武丕星　李　贫　冷新宇　金　辉　左长周　杨　涛　王庭福
　　　　　杨友利　张光金　王汝滨　周耀伍　何嗣猛　叶　君　张　尧　李学智
　　　　　黄紫薇　四川大智联盟
出版发行：中国旅游出版社
　　　　　（北京建国门内大街甲9号　邮编：100005）
　　　　　http://www.cttp.net.cn　E-mail:cttp@mct.gov.cn
　　　　　营销中心电话：010-85166503
排　　版：北京中文天地文化艺术有限公司
经　　销：全国各地新华书店
印　　刷：北京金吉士印刷有限责任公司
版　　次：2018年9月第1版　2018年9月第1次印刷
开　　本：889毫米×1194毫米　1/32
印　　张：5.375
字　　数：95千
定　　价：58.00元
ISBN　978-7-5032-5998-2